AF558264

LAURER ARIAN

MAROKKO

— KOCHBUCH —

Alle Ratschläge in diesem Buch wurden vom Autor und vom Verlag sorgfältig erwogen und geprüft. Eine Garantie kann dennoch nicht übernommen werden. Eine Haftung des Autors beziehungsweise des Verlags für jegliche Personen-, Sach- und Vermögensschäden ist daher ausgeschlossen.

Copyright © 2024
Email: info@edition-lunerion.de
www.edition-lunerion.de

Alle Rechte, insbesondere das Recht der Vervielfältigung und Verbreitung der Übersetzung, vorbehalten. Kein Teil des Werkes darf in irgendeiner Form (durch Fotokopie, Mikrofilm oder ein anderes Verfahren) ohne schriftliche Genehmigung des Verlages reproduziert oder unter Verwendung elektronischer Systeme gespeichert, verarbeitet, vervielfältigt oder verbreitet werden.

Psiana eCom UG
Berumer Str. 44
26844 Jemgum

Vorwort

Schneebedeckte Gipfel im Atlasgebirge, Dünenlandschaft der Sahara und traumhafte Atlantikstrände: Die Landschaft Marokkos ist weltweit einzigartig und das gilt auch für die Landesküche. Doch für die Köstlichkeiten aus dem Heimatland des Tajine-Schmortopfs müssen Sie keine Reise buchen, sondern zaubern sich die aromatische Vielfalt mit diesem Buch ganz einfach in die heimische Küche!

Aromatischer als marokkanische Küche geht es kaum: Langsames Schmoren in der Tajine, unverwechselbare Gewürzmischungen wie Ras-el-Hanout und Harissa, edler Safran, reichlich frische Kräuter und die einzigartige Balance zwischen fruchtig und herzhaft oder salzig und süß sorgen für komplexe Aromenexplosionen, die Genießern weltweit das Wasser im Munde zusammenlaufen lassen. Typische Zutaten wie Olivenöl, Hähnchen, Lamm, Kräuter und jede Menge frisches Gemüse machen das Schlemmen dazu noch gesund – und die unkomplizierte Küche sorgt für Alltagstauglichkeit. Deshalb entdecken Sie in diesem Kochbuch eine Riesenvielfalt an Gerichten, die dank Einfachheit und simpler Zubereitung auch Anfängern problemlos gelingen. Ob knackig-frischer Salat, leichte Suppe, deftiges Fleischgericht, raffinierte Fischspeise, Veggie-Spezialität oder verführerisches Dessert aus 1001 Nacht – hier kommt jeder auf seine Kosten und Sie finden zahlreiche Köstlichkeiten für jede Situation.

INHALT

Hauptgerichte mit Fisch & Meeresfrüchten 48

Vegetarische Hauptgerichte 56

Vegane Hauptgerichte 64

Fingerfood & Snacks 71

Die Kulinarik der marokkanischen Küche

Marokko, ein Land, das sich durch seine atemberaubende Landschaft von schneebedeckten Gipfeln im Atlasgebirge bis hin zu den weiten Dünen der Sahara erstreckt, bietet eine ebenso vielfältige Küche. Diese Vielfalt spiegelt sich in den Aromen, Zutaten und Kochtechniken wider, die sich aus verschiedenen kulturellen Einflüssen über Jahrhunderte hinweg entwickelt haben. Die marokkanische Küche zeichnet sich durch ihre reichhaltigen Geschmackskombinationen aus, die von scharf und kräftig bis süß und zart reichen.

Einzigartig an der marokkanischen Küche ist ihre Fähigkeit, Kontraste harmonisch zu vereinen. Die Verwendung von Früchten in herzhaften Gerichten, die Kombination aus süß und salzig, die Balance zwischen frischen Kräutern und kräftigen Gewürzen all dies kreiert ein unvergleichliches Geschmackserlebnis. Zentrales Element sind die Gewürze: Safran, der aus dem nahen Taliouine stammt, das süße und rauchige Paprikapulver, der vielseitige Kreuzkümmel und natürlich die berühmte Gewürzmischung Ras el Hanout, die jedem Gericht eine unverwechselbare Note verleiht.

RAS EL HANOUT |

MAROKKANISCHE GEWÜRZMISCHUNG

Ca. 100 g | 10 Min. | Einfach

Zutaten

2 TL gemahlener Kreuzkümmel
2 TL gemahlener Ingwer
2 TL gemahlene Kurkuma
2 TL Paprikapulver
1 TL gemahlener Koriander
1 TL gemahlener Zimt
1 TL gemahlene Muskatnuss
1 TL gemahlener Piment
1 TL gemahlener Kardamom
1 TL gemahlene Nelken
½ TL gemahlener Cayennepfeffer
½ TL gemahlener schwarzer Pfeffer
½ TL gemahlener weißer Pfeffer
¼ TL gemahlener Safran (optional)

1 In einer mittelgroßen Schüssel alle gemahlenen Gewürze sorgfältig vermischen. Stellen Sie sicher, dass die Mischung homogen ist und keine Klumpen enthält.

2 Die fertige Gewürzmischung in ein luftdichtes Glasgefäß umfüllen. An einem kühlen, dunklen Ort lagern, um die Frische und das Aroma der Gewürze zu bewahren.

Kreuzkümmel, Koriandersamen, Zimt und Ingwer sind ebenfalls unverzichtbar und werden sowohl in herzhaften als auch in süßen Speisen verwendet. Harissa, eine scharfe Paste aus roten Chilis, Knoblauch, Olivenöl und weiteren Gewürzen, dient als Beilage oder Würzmittel und fügt Gerichten Wärme und Schärfe hinzu.

HARISSA |

SCHARFE CHILI-PASTE

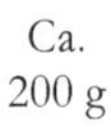

Ca. 200 g

35 Min. inkl. Einweichzeit

Einfach

Zutaten

10 große getrocknete rote Chilischoten
3 Knoblauchzehen, geschält
1 TL Salz
2 TL gemahlener Kreuzkümmel
2 TL gemahlene Koriandersamen
1 TL Paprikapulver
¼ TL gemahlener Zimt
1 TL gemahlener Ingwer
100 ml Olivenöl, plus zusätzliches zum Abdecken

1 Die Chilischoten in eine Schüssel geben und mit kochendem Wasser übergießen, bis sie vollständig bedeckt sind. Lassen Sie die Chilis etwa 20 Minuten einweichen, bis sie weich geworden sind.

1 Nach dem Einweichen die Chilis abtropfen lassen und die Stiele entfernen. Halbieren Sie die Chilis und entfernen Sie die Samen, wenn Sie eine weniger scharfe Harissa wünschen.

2 Die entkernten Chilischoten zusammen mit den Knoblauchzehen, Salz, gemahlenem Kreuzkümmel, gemahlenen Koriandersamen, Paprikapulver, Zimt und Ingwer in einen Mixer oder Mörser geben.

3 Die Zutaten zu einer groben Paste verarbeiten. Während des Mixens schrittweise das Olivenöl hinzufügen, bis die gewünschte Konsistenz erreicht ist sie sollte glatt, aber leicht texturiert sein.

4 Die fertige Harissa-Paste in ein sauberes Glasgefäß umfüllen. Glätten Sie die Oberfläche und bedecken Sie die Paste mit einer dünnen Schicht Olivenöl; dies hilft, die Harissa länger frisch zu halten.

5 Verschließen Sie das Gefäß fest und bewahren Sie die Harissa im Kühlschrank auf. Vor der Verwendung umrühren, da sich das Öl absetzen kann.

DIE KUNST DES TAJINE-KOCHENS UND ANDERE TRADITIONELLE KOCHUTENSILIEN

Die Tajine, ein irdener Schmortopf mit einem kegelförmigen Deckel, ist zentral für die marokkanische Kochkunst. Die einzigartige Form ermöglicht es, dass Kondensation zurück in den Topf tropft, wodurch die Zutaten zart garen und ihre Aromen sich voll entfalten können. Das Kochen in einer Tajine erfordert Geduld, da die Gerichte langsam bei niedriger Hitze zubereitet werden, was zu unglaublich geschmackvollen und saftigen Ergebnissen führt.

Beim Kochen mit einer Tajine ist es ratsam, diese zunächst bei niedriger Hitze langsam aufzuwärmen, um Temperaturschocks zu vermeiden, die zu Rissen führen können. Verwenden Sie immer ein Hitzeschutzmittel, wie beispielsweise einen Flammenverteiler, wenn Sie die Tajine auf einem Gasbrenner nutzen, um die direkte Hitze zu mildern. Beginnen Sie mit der Zugabe von Öl und Zwiebeln, bevor Sie Fleisch oder Gemüse hinzufügen, und geben Sie dann Flüssigkeit (Wasser, Brühe oder Tomatensoße) sowie die Gewürze dazu. Lassen Sie die Zutaten bei niedriger Hitze langsam schmoren. Der Deckel der Tajine sollte während des Garprozesses geschlossen bleiben, um die Feuchtigkeit zu bewahren.

Neben der Tajine ist das Couscoussier, ein spezieller Dampftopf für Couscous, ein weiteres wichtiges Utensil. Couscous wird über einem Topf mit kochendem Wasser oder Brühe gedämpft, was ihm seine leichte und fluffige Textur verleiht. Für die Zubereitung von perfektem Couscous füllen Sie den unteren Teil des Couscoussiers mit Wasser oder Brühe und bringen diese zum Kochen. Der Couscous wird in den oberen Teil des Topfes gegeben, wo er durch den aufsteigenden Dampf gegart wird. Achten Sie darauf, dass der Couscous nicht zu fest in den Topf gepresst wird, damit der Dampf gleichmäßig durchziehen kann. Der Couscous sollte während des Garens mehrmals vorsichtig aufgelockert werden, um eine gleichmäßige Konsistenz zu gewährleisten.

Die Pflege Ihrer marokkanischen Küchenutensilien ist entscheidend für deren Langlebigkeit und Funktionalität. Tajines aus Ton sollten vor dem ersten Gebrauch gewässert werden, um das Material zu versiegeln. Nach jedem Gebrauch ist es wichtig, die Tajine von Hand mit warmem Wasser und einem milden Reinigungsmittel zu reinigen und gut zu trocknen, bevor sie verstaut wird. Vermeiden Sie den Einsatz von metallischen Scheuerschwämmen, die die Oberfläche beschädigen könnten. Der Couscoussier kann nach ähnlichen Prinzipien gereinigt und gepflegt werden, wobei auch hier die sanfte Handwäsche die beste Option darstellt.

EINKAUFEN UND VORBEREITEN: TIPPS UND TRICKS

Beginnen Sie mit der Zusammenstellung einer Einkaufsliste, die die Grundpfeiler der marokkanischen Aromen umfasst. Zu diesen unverzichtbaren Zutaten gehören:

- **Gewürze:** Ras el Hanout, Kreuzkümmel, Koriander (gemahlen und Samen), Safran, Paprika, Zimt und Ingwer.
- **Kräuter:** frische Minze, Petersilie und Koriander.
- **Öle und Fette:** hochwertiges Olivenöl und eventuell Arganöl für einen authentischen Geschmack.
- **Gemüse und Hülsenfrüchte:** Tomaten, Zwiebeln, Knoblauch, Auberginen, Zucchini, Kichererbsen und Linsen.
- **Fleisch und Fisch:** Lamm, Huhn und je nach regionaler Verfügbarkeit auch Fisch und Meeresfrüchte.
- **Sonstiges:** Oliven, Zitronen (frisch und eingelegt), Honig, Mandeln, Datteln und Feigen.

Frühstück

BAGHRIR |

TAUSENDLOCHPFANNKUCHEN

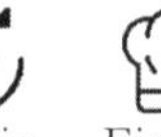

4 Port. 30 Min. Einfach

Zutaten

200 g feiner Grieß
100 g Mehl
½ TL Salz
1 TL Trockenhefe
½ TL Backpulver
500 ml lauwarmes Wasser
Olivenöl für die Pfanne

Optional:
Honig oder Olivenöl zum Servieren

Nährwerte p. P.

150 kcal
28 g Kohlenhydrate
1 g Fett
5 g Eiweiß

1 In einer großen Schüssel Grieß, Mehl, Salz, Trockenhefe und Backpulver gründlich vermischen. Nach und nach das lauwarme Wasser hinzufügen und mit einem Schneebesen oder einem Handmixer zu einem glatten, flüssigen Teig verrühren. Achten Sie darauf, dass keine Klumpen entstehen.

2 Den Teig abdecken und an einem warmen Ort ohne Zugluft für etwa 15 bis 20 Minuten gehen lassen, bis die Oberfläche Blasen wirft und der Teig leicht aufgegangen ist.

3 Eine antihaftbeschichtete Pfanne bei mittlerer Hitze leicht mit Olivenöl bestreichen. Sobald die Pfanne heiß ist, eine Kelle des Teigs hineingeben und gleichmäßig verteilen, indem Sie die Pfanne vorsichtig schwenken. Die Baghrir von einer Seite backen, bis die Oberfläche trocken ist und sich viele kleine Löcher gebildet haben. Baghrir werden traditionell nur auf einer Seite gebacken.

4 Den Pfannkuchen vorsichtig aus der Pfanne nehmen und auf einem Teller ablegen. Wiederholen Sie diesen Vorgang mit dem restlichen Teig, wobei Sie darauf achten, dass die Pfanne zwischen den Pfannkuchen nicht zu heiß wird. Möglicherweise müssen Sie die Hitze gelegentlich anpassen.

5 Die Baghrir warm servieren, optional mit Honig oder Olivenöl beträufelt.

BISSARA |

PÜREE AUS ACKERBOHNEN

4 Port.

1 Std., 10 Min.

Mittel

Zutaten

500 g getrocknete Ackerbohnen, über Nacht eingeweicht
2 Liter Wasser
4 Knoblauchzehen, fein gehackt
2 EL Olivenöl, plus extra zum Servieren
1 TL Kreuzkümmel, gemahlen
1 TL Paprikapulver
½ TL Salz, oder nach Geschmack
¼ TL schwarzer Pfeffer, oder nach Geschmack
Frische Petersilie oder Koriander zum Garnieren

Nährwerte p. P.

250 kcal
35 g Kohlenhydrate
8 g Fett
15 g Eiweiß

1 Beginnen Sie mit dem Abgießen der eingeweichten Ackerbohnen und spülen Sie sie gründlich unter fließendem Wasser ab. Geben Sie die Bohnen in einen großen Topf, füllen Sie ihn mit 2 Litern Wasser auf und bringen Sie das Ganze zum Kochen.

2 Reduzieren Sie die Hitze, sobald das Wasser kocht, und lassen Sie die Bohnen bei niedriger bis mittlerer Hitze etwa 45 bis 60 Minuten köcheln, bis sie weich sind.

3 Entfernen Sie den Topf vom Herd und lassen Sie die Bohnen etwas abkühlen. Anschließend pürieren Sie die Bohnen zusammen mit dem Kochwasser mit einem Pürierstab oder in einem Standmixer, bis eine glatte Masse entsteht.

4 Geben Sie das Püree zurück in den Topf und fügen Sie das Olivenöl, den fein gehackten Knoblauch sowie Kreuzkümmel, Paprikapulver, Salz und schwarzen Pfeffer hinzu. Erhitzen Sie das Bohnenpüree unter ständigem Rühren bei niedriger Hitze, um die Gewürze zu integrieren und das Püree zu erwärmen.

5 Schmecken Sie das Püree abschließend ab und passen Sie die Gewürze nach Bedarf an.

6 Servieren Sie das Bissara-Püree heiß, beträufelt mit einem guten Schuss Olivenöl und garniert mit frisch gehackter Petersilie oder Koriander.

ASIDA |

MAROKKANISCHER WEIZENGRIEßBREI

4 Port. 20 Min. Einfach

Zutaten

250 g feiner Weizengrieß
1 Liter Wasser
1 Prise Salz
2 EL Butter, plus extra zum Servieren
Honig zum Servieren

Nährwerte p. P.

220 kcal
40 g Kohlenhydrate
5 g Fett
6 g Eiweiß

1 In einem mittelgroßen Topf das Wasser zum Kochen bringen. Sobald es kocht, fügen Sie 1 Prise Salz hinzu.

2 Reduzieren Sie die Hitze auf ein Minimum und geben Sie den feinen Weizengrieß langsam und unter ständigem Rühren mit einem Holzlöffel oder Schneebesen in das kochende Wasser. Dies verhindert die Bildung von Klumpen.

3 Lassen Sie den Weizengrieß unter gelegentlichem Rühren etwa 10 bis 15 Minuten köcheln, bis er dickflüssig wird und eine breiartige Konsistenz annimmt.

4 Nehmen Sie den Topf vom Herd und rühren Sie 2 EL Butter unter den Grießbrei, bis sie vollständig eingearbeitet ist und der Brei eine glatte, geschmeidige Textur erhält.

5 Verteilen Sie den Grießbrei auf Servierschalen. Machen Sie eine kleine Mulde in der Mitte jedes Breis und geben Sie ein Stück Butter hinein. Über den noch warmen Asida Honig nach Belieben verteilen.

6 Servieren Sie den Asida heiß, damit die Butter schön schmelzen kann und sich mit dem Honig zu einem köstlichen Topping verbindet.

HSSOUA BELBOULA |

MAROKKANISCHER HIRSEBREI

4 Port.

30 Min.

Einfach

Zutaten

200 g Hirse, über Nacht eingeweicht
1 Liter Milch (oder eine pflanzliche Alternative für eine vegane Version)
1 EL Honig oder Ahornsirup (mehr nach Geschmack)
½ TL gemahlener Zimt
1 Prise Salz

Optional:
Gehackte Datteln, Nüsse oder frisches Obst zum Garnieren

Nährwerte p. P.

200 kcal
35 g Kohlenhydrate
3 g Fett
6 g Eiweiß

1 Spülen Sie die eingeweichte Hirse in einem feinen Sieb ab und tropfen Sie sie gut ab.

2 Geben Sie die Hirse zusammen mit der Milch in einen mittelgroßen Topf. Bringen Sie die Mischung bei mittlerer Hitze zum Kochen, achten Sie dabei auf gelegentliches Rühren, um ein Anbrennen zu vermeiden.

3 Sobald die Mischung kocht, reduzieren Sie die Hitze auf niedrig und lassen Sie den Brei unter gelegentlichem Rühren etwa 20 Minuten köcheln, bis die Hirse weich ist und die Mischung eine breiige Konsistenz angenommen hat.

4 Rühren Sie Honig oder Ahornsirup, gemahlenen Zimt und 1 Prise Salz ein. Schmecken Sie den Brei ab und fügen Sie bei Bedarf mehr Süßungsmittel hinzu.

5 Verteilen Sie den Hirsebrei auf Schüsseln und garnieren Sie ihn nach Belieben mit gehackten Datteln, Nüssen oder frischem Obst.

6 Servieren Sie den marokkanischen Hirsebrei heiß für ein wärmendes und nahrhaftes Frühstück.

BALILA | GEWÜRZTE KICHERERBSEN

4 Port.

25 Min. (ohne Einweichzeit)

Einfach

Zutaten

400 g Kichererbsen, über Nacht eingeweicht
3 EL Olivenöl
1 TL Kreuzkümmel, gemahlen
Salz nach Geschmack
Schwarzer Pfeffer nach Geschmack
Saft von 1 Zitrone

Optional zum Garnieren:
Gehackte frische Petersilie oder Koriander

Nährwerte p. P.

270 kcal
45 g Kohlenhydrate
7 g Fett
14 g Eiweiß

1 Beginnen Sie, indem Sie die eingeweichten Kichererbsen in einem Sieb abtropfen lassen und gründlich spülen.

2 Die Kichererbsen in einen großen Topf geben und mit frischem Wasser bedecken. Zum Kochen bringen, dann die Hitze reduzieren und etwa 1 bis 1,5 Stunden köcheln lassen, bis die Kichererbsen weich sind. Alternativ können Sie einen Schnellkochtopf verwenden, um die Kochzeit zu verkürzen.

3 Sobald die Kichererbsen weich sind, das überschüssige Wasser abgießen und die Kichererbsen in eine Schüssel geben.

4 Olivenöl, gemahlenen Kreuzkümmel, 1 Prise Salz, etwas schwarzen Pfeffer und den frisch gepressten Zitronensaft zu den warmen Kichererbsen hinzufügen. Alles gründlich vermischen, sodass die Kichererbsen gleichmäßig mit den Gewürzen und dem Olivenöl überzogen sind.

5 Die gewürzten Kichererbsen auf Tellern oder in einer Servierschüssel anrichten. Mit gehackter frischer Petersilie oder Koriander garnieren, falls gewünscht.

6 Servieren Sie die Balila warm, um den vollen Geschmack der Gewürze und das aromatische Olivenöl zu genießen.

RGHAIF MIT HONIG UND MANDELN |

GEFÜLLTE MAROKKANISCHE PFANNKUCHEN

 4 Port.
 45 Min.
 Mittel

Zutaten

Für den Teig:

300 g Mehl
½ TL Salz
150 ml warmes Wasser (eventuell mehr, je nach Bedarf)
2 EL Olivenöl

Für die Füllung:

100 g gemahlene Mandeln
2 EL Honig
50 g Butter, weich
Zusätzlich:
Olivenöl zum Braten
Honig zum Servieren

Nährwerte p. P.

320 kcal
38 g Kohlenhydrate
16 g Fett
6 g Eiweiß

1 Mehl und Salz in einer großen Schüssel vermischen. Langsam warmes Wasser und Olivenöl hinzufügen und zu einem geschmeidigen Teig verkneten. Bei Bedarf mehr Wasser einarbeiten, bis der Teig elastisch und nicht klebrig ist. Den Teig abdecken und 15 Minuten ruhen lassen.

2 In der Zwischenzeit die gemahlenen Mandeln, Honig und weiche Butter in einer kleinen Schüssel zu einer homogenen Masse vermischen.

3 Den Teig in 4 gleich große Stücke teilen. Jedes Stück auf einer leicht geölten Arbeitsfläche sehr dünn ausrollen oder mit den Händen zu einem dünnen Fladen dehnen.

4 Ein Viertel der Mandel-Honig-Butter-Mischung auf jedem Teigfladen verteilen, dabei einen kleinen Rand frei lassen. Den Teig dann vorsichtig zusammenfalten oder rollen, um die Füllung zu umschließen und eine Tasche zu formen.

5 Etwas Olivenöl in einer Pfanne erhitzen. Die gefüllten Teigfladen bei mittlerer Hitze von beiden Seiten goldbraun und knusprig braten.

6 Die fertigen Rghaif auf Teller geben und noch warm mit zusätzlichem Honig beträufelt servieren.

KHLEA UND EIER |

EINGELEGTES FLEISCH MIT EIERN

4 Port.

20 Min.

Einfach

Zutaten

200 g Khlea (vorgegartes, getrocknetes Rindfleisch)
8 Eier
2 EL Olivenöl
Salz und Pfeffer nach Geschmack
Frisch gehackte Kräuter (z. B. Petersilie oder Koriander) zum Garnieren

Nährwerte p. P.

400 kcal
2 g Kohlenhydrate
30 g Fett
32 g Eiweiß

1 Das Khlea vorsichtig in kleinere Stücke zerteilen oder schneiden. In einer großen Pfanne das Olivenöl auf mittlerer Hitze erhitzen.

2 Die Khlea-Stücke in die Pfanne geben und für etwa 5 Minuten anbraten, bis sie leicht knusprig sind. Dabei gelegentlich umrühren, um ein gleichmäßiges Bräunen zu gewährleisten.

3 Die Hitze reduzieren. Die Eier direkt über dem Khlea in die Pfanne aufschlagen. Mit Salz und Pfeffer würzen.

4 Die Eier bei niedriger Hitze garen, bis das Eiweiß gestockt und das Eigelb noch leicht flüssig ist. Für festeres Eigelb die Eier länger braten.

5 Die Pfanne vom Herd nehmen und die Khlea und Eier mit frisch gehackten Kräutern garnieren.

6 Heiß servieren, idealerweise mit marokkanischem Brot oder einem Stück Baguette, um die Aromen und Säfte aufzutunken.

Tipp: Khlea kann je nach Verfügbarkeit in spezialisierten Lebensmittelgeschäften oder online gefunden werden.

Salate

ZAALOUK |

AUBERGINENSALAT

4 Port.

40 Min.

Einfach

Zutaten

2 große Auberginen
4 reife Tomaten, gehäutet und gewürfelt
3 Knoblauchzehen, fein gehackt
3 EL Olivenöl
1 TL Kreuzkümmel, gemahlen
Salz und Pfeffer nach Geschmack
Frische Petersilie, fein gehackt, zum Garnieren

Nährwerte p. P.

120 kcal
10 g Kohlenhydrate
9 g Fett
2 g Eiweiß

1 Auberginen längs halbieren und mit einer Gabel mehrmals einstechen. Auf einem mit Backpapier ausgelegten Backblech unter dem Grill des Ofens platzieren, bis die Haut schwarz und die Auberginen innen weich sind, etwa 15 bis 20 Minuten.

2 In der Zwischenzeit die Tomaten in einem Topf mit 2 EL Olivenöl und dem gehackten Knoblauch bei mittlerer Hitze weich kochen. Gelegentlich umrühren.

3 Die gegrillten Auberginen aus dem Ofen nehmen, kurz abkühlen lassen und dann die Haut entfernen. Das Auberginenfleisch grob hacken und zu den Tomaten in den Topf geben.

4 Kreuzkümmel, Salz und Pfeffer hinzufügen und bei niedriger Hitze etwa 10 Minuten köcheln lassen. Dabei gelegentlich umrühren, bis die Mischung eindickt.

5 Vom Herd nehmen und leicht abkühlen lassen. Mit einem Pürierstab oder einer Gabel zu einer groben Paste verarbeiten. Je nach Vorliebe kann der Zaalouk grober oder feiner püriert werden.

6 Vor dem Servieren mit frischer Petersilie bestreuen und mit dem restlichen Olivenöl beträufeln.

TAKTOUKA |

GERÖSTETER PAPRIKA-TOMATENSALAT

4 Port.

30 Min.

Einfach

Zutaten

4 grüne Paprika
4 reife Tomaten
2 Knoblauchzehen, fein gehackt
2 EL Olivenöl
1 TL Paprikapulver
½ TL Kreuzkümmel, gemahlen
Salz und Pfeffer nach Geschmack
Frische Kräuter (z. B. Koriander oder Petersilie) zum Garnieren

Nährwerte p. P.

90 kcal
8 g Kohlenhydrate
6 g Fett
2 g Eiweiß

1 Die grünen Paprika direkt über der Flamme eines Gasherds oder unter dem Grill im Ofen rösten, bis die Haut schwarz und blasig ist. Regelmäßig wenden, um ein gleichmäßiges Rösten zu gewährleisten.

2 Die gerösteten Paprika in eine Schüssel geben und mit Frischhaltefolie abdecken. Etwa 10 Minuten ruhen lassen, dann die Haut abziehen, die Paprika entkernen und fein hacken.

3 Die Tomaten überbrühen, häuten und entkernen. Das Tomatenfleisch in kleine Würfel schneiden.

4 In einer Pfanne das Olivenöl erhitzen und den fein gehackten Knoblauch darin kurz anschwitzen. Paprikapulver und Kreuzkümmel hinzufügen und kurz mitrösten, um die Aromen freizusetzen.

5 Die gehackten Paprika und Tomatenwürfel in die Pfanne geben, mit Salz und Pfeffer würzen und alles gut vermischen. Bei mittlerer Hitze etwa 10 Minuten köcheln lassen, bis die Flüssigkeit etwas reduziert ist.

6 Den Taktouka auf Raumtemperatur abkühlen lassen und vor dem Servieren mit frischen Kräutern bestreuen.

SALATAT AL JAZAR BI AL BURTUQAL WAL QIRFA |

KAROTTENSALAT MIT ORANGEN UND ZIMT

4 Port. 15 Min. Einfach

Zutaten

4 große Karotten, geschält und grob geraspelt
Saft von 2 großen Orangen
2 EL Honig
½ TL gemahlener Zimt
1 EL Orangenblütenwasser

Optional:
Gehackte Datteln, Mandeln oder Walnüsse zum Garnieren

Nährwerte p. P.

110 kcal
26 g Kohlenhydrate
0,5 g Fett
1 g Eiweiß

1 Die geraspelten Karotten in eine große Schüssel geben.

2 In einer kleinen Schüssel Orangensaft, Honig, Zimt und Orangenblütenwasser gründlich vermischen, bis sich der Honig vollständig aufgelöst hat.

3 Die Orangen-Honig-Mischung über die geraspelten Karotten gießen und alles gut vermengen, sodass die Karotten gleichmäßig mit der Marinade überzogen sind.

4 Den Salat mindestens 30 Minuten im Kühlschrank durchziehen lassen, damit die Aromen sich entfalten können.

5 Vor dem Servieren den Salat noch einmal durchmischen und nach Belieben mit gehackten Datteln, Mandeln oder Walnüssen garnieren.

LOUBIA B'TOMATE |

SALAT AUS GRÜNEN BOHNEN MIT TOMATEN

4 Port. 20 Min. Einfach

Zutaten

500 g grüne Bohnen, Enden entfernt
4 reife Tomaten, gewürfelt
3 EL Olivenöl
2 Knoblauchzehen, fein gehackt
Saft von 1 Zitrone
Salz und Pfeffer nach Geschmack
Frische Kräuter wie Petersilie oder Koriander zum Garnieren

Nährwerte p. P.

80 kcal
10 g Kohlenhydrate
4 g Fett
2 g Eiweiß

1 Einen großen Topf mit Salzwasser zum Kochen bringen. Die grünen Bohnen hinzufügen und 3 bis 4 Minuten blanchieren, bis sie gerade weich sind, aber noch Biss haben.

2 Die Bohnen in ein Sieb abgießen und sofort unter kaltem Wasser abschrecken, um den Garprozess zu stoppen und die grüne Farbe zu bewahren.

3 In einer großen Schüssel die blanchierten Bohnen, die gewürfelten Tomaten, den fein gehackten Knoblauch, Olivenöl und Zitronensaft hinzufügen. Mit Salz und Pfeffer abschmecken und alles gründlich vermengen.

4 Den Salat vor dem Servieren mindestens 10 Minuten ruhen lassen, damit sich die Aromen verbinden können.

5 Mit frischen Kräutern garniert servieren.

SALATAT CHOUKAK |

ROTE-BETE-SALAT MIT KORIANDER

4 Port. 45 Min. Einfach

Zutaten

500 g Rote Bete, geschält und in Würfel geschnitten
2 EL Olivenöl
Saft von 1 Zitrone
2 Knoblauchzehen, fein gehackt
Salz und Pfeffer nach Geschmack
Ein großer Bund frischer Koriander, grob gehackt

Nährwerte p. P.

100 kcal
14 g Kohlenhydrate
5 g Fett
2 g Eiweiß

1 Die Rote Bete in einem Topf mit Wasser bedecken und zum Kochen bringen. Bei mittlerer Hitze 30 bis 40 Minuten köcheln lassen, bis sie weich ist.

2 Die gekochte Rote Bete abgießen, abkühlen lassen und in Würfel schneiden.

3 In einer großen Schüssel die gewürfelte Rote Bete, Olivenöl, Zitronensaft und gehackten Knoblauch hinzufügen. Mit Salz und Pfeffer würzen und alles gründlich vermengen.

4 Den grob gehackten Koriander unterheben und den Salat abschmecken. Bei Bedarf weitere Gewürze hinzufügen.

5 Den Salat vor dem Servieren einige Minuten ruhen lassen, damit sich die Aromen voll entfalten können.

SALATAT ADAS B'KAMOUN |

LINSENSALAT MIT KUMIN

4 Port.

30 Min.

Einfach

Zutaten

250 g grüne oder braune Linsen
3 EL Olivenöl
Saft von 1 großen Zitrone
1 TL Kreuzkümmel, gemahlen
1 große rote Zwiebel, fein gehackt
Salz und Pfeffer nach Geschmack
Frische Petersilie oder Koriander zum Garnieren

Nährwerte p. P.

180 kcal
20 g Kohlenhydrate
7 g Fett
9 g Eiweiß

1 Die Linsen nach Packungsanleitung kochen, bis sie weich sind, aber noch Biss haben. Anschließend unter kaltem Wasser abspülen und gut abtropfen lassen.

2 In einer großen Schüssel Olivenöl, Zitronensaft und gemahlenen Kreuzkümmel zu einer Vinaigrette verrühren. Mit Salz und Pfeffer abschmecken.

3 Die fein gehackte rote Zwiebel und die gekochten Linsen hinzufügen. Alles gründlich vermischen, sodass die Linsen gleichmäßig mit der Vinaigrette überzogen sind.

4 Vor dem Servieren den Linsensalat auf Zimmertemperatur kommen lassen und mit frischer Petersilie oder Koriander garnieren.

SALATAT BATATA B'CHARMOULA | CHARMOULA-KARTOFFELSALAT

4 Port. 40 Min. Einfach

Zutaten

500 g festkochende Kartoffeln
Für die Charmoula-Soße:
3 EL Olivenöl
Saft von 1 Zitrone
2 Knoblauchzehen, fein gehackt
2 TL Paprikapulver
1 TL gemahlener Kreuzkümmel
½ Bund frische Petersilie, fein gehackt
½ Bund frischer Koriander, fein gehackt
Salz und Pfeffer nach Geschmack

Nährwerte p. P.

150 kcal
28 g Kohlenhydrate
4 g Fett
3 g Eiweiß

1 Die Kartoffeln schälen und in gleich große Würfel schneiden. In einem Topf mit Salzwasser die Kartoffelwürfel etwa 10 bis 15 Minuten kochen, bis sie weich sind, aber nicht zerfallen.

2 Während die Kartoffeln kochen, für die Charmoula-Soße in einer Schüssel das Olivenöl, den Zitronensaft, den fein gehackten Knoblauch, Paprikapulver, gemahlenen Kreuzkümmel, gehackte Petersilie und Koriander gründlich vermischen. Mit Salz und Pfeffer abschmecken.

3 Die gekochten Kartoffelwürfel abgießen und etwas abkühlen lassen, bevor sie in die Schüssel mit der Charmoula-Soße gegeben werden. Alles vorsichtig vermengen, sodass die Kartoffeln gleichmäßig mit der Soße überzogen sind.

4 Den Salat vor dem Servieren mindestens 20 Minuten ziehen lassen, damit die Aromen sich entfalten können.

Suppen

HARIRA | TRADITIONELLE MAROKKANISCHE SUPPE

6 Port.

1 Std., 30 Min.

Mittel

Zutaten

250 g Lammfleisch, in Würfel geschnitten
100 g grüne Linsen
100 g Kichererbsen, über Nacht eingeweicht
2 große Tomaten, geschält und püriert
1 große Zwiebel, fein gehackt
2 Stangen Sellerie, fein gehackt
1 Bund frischer Koriander, gehackt
1 Bund Petersilie, gehackt
2 TL Tomatenmark
1 TL gemahlener Zimt
1 TL gemahlener Ingwer
½ TL Kurkuma
½ TL Paprikapulver
Salz und Pfeffer nach Geschmack
2 Liter Wasser
2 EL Olivenöl

Optional:
1 Handvoll Reis oder feine Nudeln

Nährwerte p. P.

250 kcal
30 g Kohlenhydrate
8 g Fett
20 g Eiweiß

1 In einem großen Topf das Olivenöl erhitzen und die Zwiebeln darin weich dünsten. Das Fleisch hinzufügen und von allen Seiten anbraten, bis es leicht gebräunt ist.

2 Die pürierten Tomaten, Sellerie, frischen Koriander und Petersilie dazugeben. Tomatenmark, Zimt, Ingwer, Kurkuma, Paprikapulver sowie Salz und Pfeffer unterrühren und alles gut vermengen.

3 Wasser in den Topf geben, sodass alle Zutaten bedeckt sind. Die eingeweichten Kichererbsen und Linsen hinzufügen. Die Suppe zum Kochen bringen, dann die Hitze reduzieren und etwa 1 Stunde köcheln lassen, bis Fleisch und Hülsenfrüchte weich sind.

4 Optional in den letzten 10 Minuten der Kochzeit Reis oder feine Nudeln für eine dickere Konsistenz hinzufügen.

5 Die fertige Harira auf Geschmack prüfen und bei Bedarf nachwürzen. Anschließend heiß servieren.

CHORBA FRIK |

ALGERISCH-MAROKKANISCHE GERSTENSUPPE

6 Port.

1 Std., 20 Min.

Mittel

Zutaten

300 g Lammfleisch oder Hühnerfleisch, in Würfel geschnitten
100 g Frik (gebrochene Gerste) oder grob geschroteter Weizen
1 große Zwiebel, fein gehackt
2 Karotten, gewürfelt
2 Stangen Sellerie, gewürfelt
1 Dose Kichererbsen (ca. 400 g), abgespült und abgetropft
3 Tomaten, geschält und gewürfelt
1 TL Tomatenmark
2 Liter Wasser oder Hühnerbrühe
2 EL Olivenöl
1 TL gemahlener Kreuzkümmel
1 TL gemahlener Koriander
½ TL Kurkuma
Salz und Pfeffer nach Geschmack
Frischer Koriander zum Garnieren

Nährwerte p. P.

350 kcal
40 g Kohlenhydrate
10 g Fett
25 g Eiweiß

1 Das Olivenöl in einem großen Topf bei mittlerer Hitze erwärmen. Zwiebeln hinzufügen und glasig dünsten.

2 Lamm- oder Hühnerfleischwürfel in den Topf geben und anbraten, bis sie von allen Seiten Farbe angenommen haben.

3 Karotten, Sellerie, Kichererbsen, Tomaten und Tomatenmark hinzufügen und gut umrühren. Mit Kreuzkümmel, Koriander, Kurkuma sowie Salz und Pfeffer würzen.

4 Mit Wasser oder Hühnerbrühe aufgießen und zum Kochen bringen. Dann die Hitze reduzieren und die Suppe etwa 30 Minuten köcheln lassen.

5 Frik oder geschroteten Weizen einrühren und weitere 30 Minuten köcheln lassen, bis das Fleisch zart und die Gerste weich ist.

6 Vor dem Servieren die Suppe abschmecken und bei Bedarf nachwürzen. Mit frischem Koriander garnieren.

TANGIA MARRAKCHIA | MARRAKESCH-SCHMORGERICHT

4 Port. | Über Nacht + 2 Std. | Mittel

Zutaten

1 kg Rindfleisch (z. B. Schmorbraten), in große Stücke geschnitten
4 Knoblauchzehen, zerdrückt
2 EL gemahlener Kreuzkümmel
1 TL Safranfäden
1 TL gemahlener Ingwer
½ TL Salz
½ TL Pfeffer
4 EL Olivenöl
Saft von 1 großen Zitrone
2 EL gehackte frische Korianderblätter
2 EL gehackte frische Petersilie

Optional:
½ Tasse Wasser oder Fleischbrühe für zusätzliche Feuchtigkeit

Nährwerte p. P.

450 kcal
5 g Kohlenhydrate
30 g Fett
40 g Eiweiß

1 Fleischstücke mit Knoblauch, Kreuzkümmel, Safran, Ingwer, Salz und Pfeffer gründlich einreiben. In einer großen Schüssel Olivenöl und Zitronensaft hinzufügen und alles gut vermischen. Fleisch über Nacht im Kühlschrank marinieren lassen, um die Aromen zu intensivieren.

2 Am nächsten Tag das marinierte Fleisch zusammen mit dem frischen Koriander und der Petersilie in eine Tangia oder einen schweren Schmortopf geben. Wenn gewünscht, ein wenig Wasser oder Fleischbrühe hinzufügen, um das Gericht saftiger zu machen.

3 Die Tangia oder den Schmortopf fest verschließen. Im Ofen bei niedriger Temperatur (ca. 120 °C) für etwa 2 Stunden schmoren, bis das Fleisch zart ist und fast vom Knochen fällt. Alternativ kann das Gericht in einer traditionellen marokkanischen Tangia über direkter Glut oder in einem langsamen Kohleofen gekocht werden.

4 Das zarte, aromatische Fleisch in der Soße servieren, idealerweise mit marokkanischem Brot zum Aufsaugen der köstlichen Säfte.

SHORBA ADAS |

MAROKKANISCHE LINSENSUPPE

4 Port.

45 Min.

Einfach

Zutaten

250 g grüne oder braune Linsen, gespült
1 große Zwiebel, fein gehackt
2 Knoblauchzehen, fein gehackt
2 EL Olivenöl
1 TL gemahlener Kreuzkümmel
1 TL gemahlener Koriander
½ TL Kurkuma
1 Liter Gemüse- oder Hühnerbrühe
Salz und Pfeffer nach Geschmack
Frischer Koriander oder Petersilie zum Garnieren
Saft von ½ Zitrone

Nährwerte p. P.

200 kcal
35 g Kohlenhydrate
2 g Fett
12 g Eiweiß

1 Olivenöl in einem großen Topf bei mittlerer Hitze erwärmen. Zwiebel und Knoblauch hinzufügen und anbraten, bis sie weich und durchsichtig sind.

2 Gemahlenen Kreuzkümmel, Koriander und Kurkuma dazugeben und unter Rühren etwa 1 Minute lang kochen, um die Gewürze zu aktivieren.

3 Die Linsen in den Topf geben und mit der Gemüse- oder Hühnerbrühe auffüllen. Zum Kochen bringen, dann die Hitze reduzieren und die Suppe zugedeckt etwa 30 Minuten köcheln lassen, bis die Linsen weich sind.

4 Mit Salz und Pfeffer abschmecken und den Zitronensaft einrühren.

5 Die Suppe in Schüsseln füllen und mit frischem Koriander oder Petersilie garnieren.

HSSOUA SAMAK |

MAROKKANISCHE FISCHSUPPE

4 Port. 50 Min. Mittel

Zutaten

500 g festes Fischfilet (z. B. Kabeljau, Seelachs), in mundgerechte Stücke geschnitten
2 EL Olivenöl
1 große Zwiebel, fein gewürfelt
2 Knoblauchzehen, fein gehackt
2 Stangen Sellerie, in dünne Scheiben geschnitten
4 reife Tomaten, gewürfelt
1 Liter Fischbrühe
1 TL Safranfäden
1 TL gemahlener Ingwer
Saft von 1 Zitrone
Salz und Pfeffer nach Geschmack
1 Bund frischer Koriander, gehackt

Nährwerte p. P.

180 kcal
9 g Kohlenhydrate
5 g Fett
25 g Eiweiß

1 Olivenöl in einem großen Topf bei mittlerer Hitze erhitzen. Zwiebel, Knoblauch und Sellerie hinzufügen und anbraten, bis die Zwiebel glasig ist.

2 Die gewürfelten Tomaten, Safran und Ingwer einrühren. Alles einige Minuten köcheln lassen, bis die Tomaten weich werden.

3 Mit Fischbrühe aufgießen und zum Kochen bringen. Die Hitze reduzieren und die Suppe etwa 20 Minuten sanft köcheln lassen.

4 Die Fischstücke hinzufügen und die Suppe weitere 10 Minuten köcheln lassen, bis der Fisch gar ist. Mit Zitronensaft, Salz und Pfeffer abschmecken.

5 Die Suppe vom Herd nehmen und mit frischem Koriander bestreuen.

SHORBA BEIDA | WEIẞE HÜHNERSUPPE

4 Port.

1 Std.

Einfach

Zutaten

500 g Hühnerbrust, in kleine Stücke geschnitten
1 ½ Liter Hühnerbrühe
1 Zwiebel, fein gehackt
2 Knoblauchzehen, fein gehackt
2 EL Olivenöl
Saft von 1 Zitrone
½ TL Zimt
Salz und Pfeffer nach Geschmack
Einige frische Korianderblätter zum Garnieren

Nährwerte p. P.

220 kcal
5 g Kohlenhydrate
7 g Fett
35 g Eiweiß

1 Olivenöl in einem großen Topf bei mittlerer Hitze erhitzen. Zwiebel und Knoblauch hinzufügen und anbraten, bis sie weich und transparent sind.

2 Hühnerbruststücke in den Topf geben und rundherum anbraten, bis sie leicht gebräunt sind.

3 Mit Hühnerbrühe aufgießen, Zimt hinzufügen und mit Salz und Pfeffer würzen. Zum Kochen bringen.

4 Die Hitze reduzieren und die Suppe etwa 40 Minuten lang köcheln lassen, bis das Hühnerfleisch zart ist.

5 Kurz vor dem Servieren den Zitronensaft unterrühren und die Suppe mit frischen Korianderblättern garnieren.

DCHICHA | GERSTENSUPPE

4 Port.

50 Min.

Einfach

Zutaten

150 g Gerstengraupen, gründlich gewaschen
1 große Tomate, fein gewürfelt
1 Zwiebel, fein gehackt
1 Liter Gemüsebrühe oder Wasser
1 TL Kreuzkümmel, gemahlen
½ TL Ingwer, gemahlen
Salz und Pfeffer nach Geschmack
2 EL frischer Koriander, gehackt
Olivenöl zum Anbraten

Nährwerte p. P.

180 kcal
35 g Kohlenhydrate
1 g Fett
6 g Eiweiß

1 Etwas Olivenöl in einem großen Topf bei mittlerer Hitze erhitzen. Zwiebel hinzufügen und anbraten, bis sie glasig ist.

2 Tomatenwürfel und die gewaschenen Gerstengraupen in den Topf geben, umrühren und kurz mit anbraten.

3 Mit Gemüsebrühe oder Wasser aufgießen, Kreuzkümmel und Ingwer einrühren. Mit Salz und Pfeffer abschmecken.

4 Die Suppe zum Kochen bringen, dann die Hitze reduzieren und etwa 40 Minuten lang köcheln lassen, bis die Gerste weich ist.

5 Vor dem Servieren die Suppe mit frischem Koriander garnieren.

Brote

KHOBZ |

TRADITIONELLES MAROKKANISCHES BROT

2 Brote | 2 Std. inkl. Gehzeit | Einfach

Zutaten

500 g Weizenmehl
1 TL Salz
1 TL Zucker
2 TL Trockenhefe
Ca. 300 ml warmes Wasser
Zusätzliches Mehl für die Arbeitsfläche
Olivenöl für die Schüssel

Nährwerte p. P.

250 kcal
52 g Kohlenhydrate
1 g Fett
8 g Eiweiß

1 In einer großen Schüssel Weizenmehl, Salz, Zucker und Trockenhefe gründlich vermischen. Nach und nach warmes Wasser hinzufügen und mit den Händen oder einem Holzlöffel zu einem glatten Teig verkneten. Eventuell mehr Wasser oder Mehl hinzufügen, bis der Teig weich, aber nicht klebrig ist. Eine saubere Arbeitsfläche leicht bemehlen und den Teig etwa 10 Minuten kräftig durchkneten, bis er elastisch wird.

2 Eine Schüssel leicht mit Olivenöl ausstreichen, den Teig hineingeben und einmal wenden, sodass er rundum leicht geölt ist. Mit einem feuchten Tuch abdecken und an einem warmen Ort 1 Stunde gehen lassen, bis der Teig sich etwa verdoppelt hat.

3 Den aufgegangenen Teig auf die bemehlte Arbeitsfläche geben, in 2 gleich große Stücke teilen und jedes Stück zu einer runden, flachen Form formen, etwa 1,5 cm dick.

4 Die Teigfladen auf ein mit Backpapier ausgelegtes Backblech legen, mit einem Tuch abdecken und weitere 30 Minuten gehen lassen. Den Ofen auf 220 °C vorheizen (Ober-/Unterhitze).

5 Die Brote im vorgeheizten Ofen etwa 20 bis 25 Minuten backen, bis sie eine goldbraune Farbe angenommen haben und beim Klopfen auf die Unterseite hohl klingen.

BATBOUT |

MAROKKANISCHES FLADENBROT

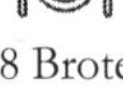

8 Brote | 1 Std., 45 Min. inkl. Gehzeit | Mittel

Zutaten

300 g Weizenmehl
200 g feiner Grieß
1 TL Salz
1 TL Zucker
2 TL Trockenhefe
Ca. 300 ml lauwarmes Wasser
Etwas Öl für die Schüssel
Zusätzliches Mehl für die Arbeitsfläche

Nährwerte p. P.

180 kcal
38 g Kohlenhydrate
1 g Fett
5 g Eiweiß

1 Weizenmehl, Grieß, Salz, Zucker und Trockenhefe in einer großen Schüssel vermischen. Nach und nach lauwarmes Wasser hinzufügen und zu einem geschmeidigen Teig verkneten. Bei Bedarf Wasser oder Mehl anpassen, bis der Teig elastisch ist.

2 Den Teig auf einer leicht bemehlten Arbeitsfläche etwa 10 Minuten kräftig durchkneten, bis er glatt und elastisch ist.

3 Eine Schüssel mit ein wenig Öl auspinseln, den Teig hineinlegen und einmal wenden, damit er von allen Seiten leicht geölt ist. Mit einem Küchentuch abdecken und an einem warmen Ort 1 Stunde gehen lassen, bis der Teig sein Volumen verdoppelt hat.

4 Den aufgegangenen Teig auf die bemehlte Arbeitsfläche legen, leicht durchkneten und in 8 gleich große Portionen teilen. Jede Portion zu einer Kugel formen und dann flach drücken, um kleine Fladen von etwa 5 mm Dicke zu formen.

5 Die Fladen mit einem Tuch abdecken und weitere 30 Minuten ruhen lassen.

6 Eine schwere Pfanne oder eine Gusseisenpfanne bei mittlerer Hitze erwärmen. Die Batbout-Fladen nacheinander in die trockene, heiße Pfanne legen und etwa 3 und 4 Minuten von jeder Seite backen, bis sie aufgehen und goldbraune Flecken bekommen.

HARCHA |

MAROKKANISCHE SEMMELN

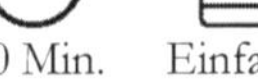

6 Semmeln | 30 Min. | Einfach

Zutaten

250 g feiner Grieß
1 TL Salz
1 TL Zucker
2 TL Backpulver
60 ml Olivenöl
120 ml Milch, lauwarm

Nährwerte p. P.

200 kcal
42 g Kohlenhydrate
4 g Fett
6 g Eiweiß

1 In einer großen Schüssel Grieß, Salz, Zucker und Backpulver vermischen. Olivenöl hinzufügen und mit den Händen unterrühren, bis die Mischung krümelig wird.

2 Die lauwarme Milch nach und nach einarbeiten, bis ein geschmeidiger, formbarer Teig entsteht. Bei Bedarf etwas mehr Grieß oder Milch hinzufügen, um die richtige Konsistenz zu erreichen.

3 Den Teig in 6 gleich große Portionen teilen und jede Portion zu einer Kugel formen. Die Kugeln auf einer bemehlten Arbeitsfläche leicht flach drücken, sodass sie etwa 1 cm dick sind.

4 Eine Pfanne bei mittlerer Hitze erwärmen und die Harcha-Semmeln ohne Zugabe von Öl von beiden Seiten goldbraun und knusprig backen, etwa 3 bis 4 Minuten pro Seite. Die Semmeln sollten aufgehen und eine goldbraune Kruste entwickeln.

MSEMEN |

GEFALTETE MAROKKANISCHE PFANNKUCHEN

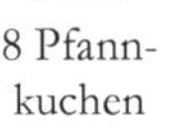

8 Pfannkuchen

1 Std., 30 Min. inkl. Ruhezeit

Mittel

Zutaten

300 g Weizenmehl
200 g feiner Grieß
½ TL Salz
½ TL Zucker
300 ml lauwarmes Wasser (Menge kann variieren)
100 ml Olivenöl und geschmolzene Butter, gemischt für das Bestreichen
Zusätzlicher Grieß für das Formen

Nährwerte p. P.

220 kcal
36 g Kohlenhydrate
7 g Fett
6 g Eiweiß

1 Weizenmehl, Grieß, Salz und Zucker in einer großen Schüssel vermischen. Nach und nach lauwarmes Wasser hinzufügen und zu einem geschmeidigen Teig verkneten. Der Teig sollte weich und elastisch sein.

2 Den Teig auf einer leicht bemehlten Oberfläche etwa 10 Minuten gründlich durchkneten, dann in etwa 8 gleich große Stücke teilen. Jedes Stück zu einer Kugel formen und auf ein mit Grieß bestreutes Backpapier legen. Abdecken und 15 Minuten ruhen lassen.

3 Arbeitsfläche und Hände mit der Olivenöl-Butter-Mischung bestreichen. Eine Teigkugel nehmen und auf der geölten Fläche so dünn wie möglich ausbreiten. Der Teig sollte fast durchsichtig sein.

4 Die Ränder des ausgedehnten Teigs zur Mitte falten, um ein Quadrat zu formen, dabei jede Schicht leicht mit der Olivenöl-Butter-Mischung bestreichen, um mehrere Schichten zu erzeugen.

5 Eine Pfanne bei mittlerer Hitze erwärmen. Die Msemen nacheinander in die Pfanne geben und von beiden Seiten goldbraun und knusprig backen, jeweils etwa 2 bis 3 Minuten pro Seite.

MELOUI |

RUNDE, GEFALTETE PFANNKUCHEN

8 Pfannkuchen | 1 Std., 30 Min. | Mittel

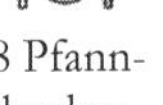
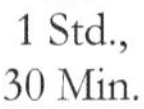

Zutaten

300 g Weizenmehl
200 g feiner Grieß
½ TL Salz
½ TL Zucker
Ca. 300 ml lauwarmes Wasser (Menge nach Bedarf anpassen)
100 ml Mischung aus Olivenöl und geschmolzener Butter, für das Bestreichen und Falten
Zusätzlicher feiner Grieß für das Arbeiten mit dem Teig

Nährwerte p. P.

220 kcal
36 g Kohlenhydrate
7 g Fett
6 g Eiweiß

1 Weizenmehl, Grieß, Salz und Zucker in einer großen Schüssel mischen. Langsam lauwarmes Wasser einarbeiten, um einen geschmeidigen Teig zu formen. Nach Bedarf Wasser oder Mehl hinzufügen, bis der Teig elastisch ist.

2 Den Teig auf einer leicht bemehlten Oberfläche 10 Minuten kräftig durchkneten. In 8 gleich große Portionen teilen, jede zu einer Kugel formen, mit etwas Grieß bestreuen, abdecken und 15 Minuten ruhen lassen.

3 Eine Teigkugel nehmen und auf einer geölten Oberfläche so dünn wie möglich ausrollen oder mit den Händen ausziehen. Den ausgedehnten Teig mit der Olivenöl-Butter-Mischung bestreichen.

4 Den Teig von einer Seite her eng aufrollen, sodass eine lange Teigrolle entsteht. Diese Rolle dann wie eine Schnecke aufwickeln, sodass eine runde Form entsteht.

5 Die entstandene „Schnecke" leicht flach drücken und behutsam zu einem dickeren Kreis ausrollen, dabei darauf achten, die Schichten nicht zu zerstören.

6 Eine Pfanne bei mittlerer Hitze erwärmen und die Meloui ohne Zugabe von Öl von beiden Seiten goldbraun backen, für jeweils ca. 2 bis 3 Minuten.

MAROKKANISCHE ANIS- UND SESAMBRÖTCHEN

12 Brötchen

2 Std., 30 Min. inkl. Gehzeit

Einfach

Zutaten

500 g Weizenmehl
100 g Zucker
1 Päckchen Trockenhefe (ca. 7 g)
2 TL Anissamen
2 EL Sesamsamen
½ TL Salz
250 ml warme Milch
50 ml Pflanzenöl
1 Ei
Zusätzliches Ei zum Bestreichen
Zusätzliche Sesamsamen zum Bestreuen

Nährwerte p. P.

230 kcal
40 g Kohlenhydrate
5 g Fett
6 g Eiweiß

1 Weizenmehl, Zucker, Trockenhefe, Anissamen, Sesamsamen und Salz in einer großen Schüssel vermischen.

2 In einer separaten Schüssel warme Milch, Pflanzenöl und 1 Ei verquirlen. Die flüssigen Zutaten zu den trockenen geben und zu einem geschmeidigen Teig verkneten. Bei Bedarf noch etwas Mehl oder Milch hinzufügen.

3 Den Teig auf einer leicht bemehlten Arbeitsfläche 10 Minuten gründlich durchkneten, bis er elastisch ist.

4 Den Teig zu einer Kugel formen, in eine geölte Schüssel legen und mit einem sauberen Tuch abdecken. An einem warmen Ort 1,5 Stunden gehen lassen, bis der Teig sein Volumen verdoppelt hat.

5 Den aufgegangenen Teig auf die Arbeitsfläche geben, in 12 gleich große Stücke teilen und jedes zu einer kleinen Kugel formen. Die Kugeln auf ein mit Backpapier ausgelegtes Backblech legen, mit etwas Abstand zueinander.

6 Die Teigkugeln mit einem verquirlten Ei bestreichen und mit Sesamsamen bestreuen. Nochmals 30 Minuten gehen lassen, bis sie sich sichtbar vergrößert haben.

7 Den Ofen auf 180 °C Ober-/Unterhitze vorheizen. Die Brötchen dann für 20 bis 25 Minuten backen, bis sie goldbraun sind.

Hauptgerichte mit Fleisch & Geflügel

COUSCOUS TFAYA |

COUSCOUS MIT KARAMELLISIERTEN ZWIEBELN UND ROSINEN

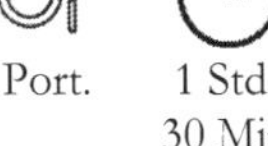

4 Port. 1 Std., 30 Min. Mittel

Zutaten

400 g Couscous
500 g Hühnchen- oder Lammfleisch, in Stücke geschnitten
3 große Zwiebeln, in dünne Scheiben geschnitten
150 g Rosinen
2 TL Zimt
1 TL Safranfäden
3 EL Zucker
Salz und Pfeffer nach Geschmack
4 EL Olivenöl
1 Liter Hühner- oder Lammbrühe
Frischer Koriander zum Garnieren

Nährwerte p. P.

370 kcal
75 g Kohlenhydrate
3 g Fett
13 g Eiweiß

1 Weichen Sie die Rosinen in warmem Wasser ein, um sie aufzuweichen.

2 Schwitzen Sie die Zwiebeln in einer tiefen Pfanne oder einem Topf mit Olivenöl bei mittlerer Hitze an. Fügen Sie Zucker, 1 TL Zimt und Safran hinzu. Lassen Sie die Zwiebeln karamellisieren, bis sie goldbraun und weich sind. Lassen Sie die eingeweichten Rosinen abtropfen und geben Sie sie zu den Zwiebeln. Lassen Sie die Mischung einige Minuten köcheln, dann nehmen Sie sie vom Herd.

3 Braten Sie das Fleisch in einem großen Topf mit etwas Olivenöl an. Würzen Sie mit Salz und Pfeffer. Gießen Sie die Brühe auf und bringen Sie sie zum Kochen. Lassen Sie das Fleisch 40 Minuten bei niedriger Hitze köcheln, bis es zart ist.

4 Bereiten Sie den Couscous gemäß der Packungsanleitung zu, meist durch Dämpfen über kochendem Wasser oder der Brühe. Verwenden Sie für zusätzliches Aroma einen Teil der Brühe, in der das Fleisch gekocht wurde.

5 Richten Sie den gegarten Couscous auf einer großen Platte an. Verteilen Sie das gekochte Fleisch darauf und garnieren Sie es mit der Zwiebel-Rosinen-Mischung. Bestreuen Sie alles mit dem restlichen Zimt und geben Sie frischen Koriander darüber. Servieren Sie heiß, idealerweise mit zusätzlicher Brühe zum individuellen Übergießen.

KEFTA MKAOUARA |

FLEISCHBÄLLCHEN IN TOMATENSOßE

4 Port.

1 Std.

Mittel

Zutaten

500 g Lamm- oder Rinderhackfleisch
4 große Tomaten, püriert
2 Knoblauchzehen, fein gehackt
1 große Zwiebel, fein gewürfelt
2 EL frischer Koriander, gehackt
2 EL frische Petersilie, gehackt
1 TL Paprikapulver
½ TL Kreuzkümmel
½ TL Cayennepfeffer
Salz und Pfeffer nach Geschmack
4 Eier
2 EL Olivenöl

Nährwerte p. P.

320 kcal
10 g Kohlenhydrate
20 g Fett
25 g Eiweiß

1 Kombinieren Sie in einer Schüssel das Hackfleisch mit der Hälfte des Knoblauchs, der Hälfte der Zwiebeln, Koriander, Petersilie, Paprikapulver, Kreuzkümmel, Cayennepfeffer, Salz und Pfeffer. Vermengen Sie alles gründlich.

2 Formen Sie aus der Hackfleischmischung kleine Bällchen, etwa in der Größe einer Walnuss.

3 Erhitzen Sie das Olivenöl in einer tiefen Pfanne oder einem Topf. Fügen Sie die restlichen Zwiebeln und den Knoblauch hinzu und dünsten Sie sie, bis sie weich sind.

4 Geben Sie die pürierten Tomaten hinzu und würzen Sie mit Salz und Pfeffer. Lassen Sie die Soße etwa 10 Minuten köcheln.

5 Legen Sie die Fleischbällchen vorsichtig in die Soße und lassen Sie sie bei niedriger Hitze 30 Minuten köcheln, bis die Fleischbällchen durchgegart sind.

6 Schlagen Sie kurz vor dem Servieren die Eier über die Fleischbällchen und die Tomatensoße. Decken Sie die Pfanne ab und lassen Sie die Eier stocken.

7 Bestreuen Sie das Gericht vor dem Servieren mit frischem Koriander oder Petersilie.

BASTILA |

MAROKKANISCHE PASTETE

6 - 8 Port.

2 Std.

Fortgeschritten

Zutaten

500 g Hühnerfleisch, gekocht und in kleine Stücke gezupft
10 Blätter Filoteig
200 g gemahlene Mandeln
2 Zwiebeln, fein gehackt
3 Eier, geschlagen
2 TL gemahlener Zimt
1 TL gemahlener Ingwer
½ TL Kurkuma
100 g Butter, geschmolzen
100 g Puderzucker
Salz und Pfeffer nach Geschmack
2 EL frische Petersilie, gehackt
Olivenöl zum Anbraten

Nährwerte p. P.

450 kcal
35 g Kohlenhydrate
22 g Fett
30 g Eiweiß

1 In einer Pfanne die Zwiebeln in etwas Olivenöl anbraten, bis sie weich sind. Fügen Sie Ingwer, Kurkuma, Salz und Pfeffer hinzu und braten Sie alles kurz mit.

2 Geben Sie das zerkleinerte Fleisch und die Petersilie in die Pfanne. Mischen Sie alles gut und lassen Sie es einige Minuten köcheln. Fügen Sie die geschlagenen Eier hinzu und rühren Sie, bis die Mischung stockt. Nehmen Sie die Pfanne vom Herd und lassen Sie die Füllung abkühlen. In einer separaten Pfanne die gemahlenen Mandeln leicht anrösten, bis sie goldbraun sind. Vom Herd nehmen und mit 1 TL Zimt und 50 g Puderzucker mischen.

3 Den Ofen auf 180 °C Ober-/Unterhitze vorheizen. Eine runde Backform mit geschmolzener Butter einfetten. Legen Sie 2 Filoteigblätter übereinander in die Form, sodass die Ränder überhängen. Bestreichen Sie jedes Blatt mit geschmolzener Butter. Wiederholen Sie diesen Schritt, bis der Boden der Form vollständig bedeckt ist.

4 Verteilen Sie die Hälfte der Mandel-Zucker-Mischung auf dem Filoteig. Geben Sie die Fleischmischung darauf und verteilen Sie sie gleichmäßig. Bedecken Sie das Fleisch mit der restlichen Mandel-Zucker-Mischung.

5 Falten Sie die überhängenden Ränder des Filoteigs über die Füllung. Bedecken Sie die Oberfläche mit weiteren Filoteigblättern, wobei jedes Blatt mit Butter bestrichen wird. Bestreichen Sie die letzte Schicht großzügig mit Butter.

6 Backen Sie die Bastila im vorgeheizten Ofen für 30 bis 40 Minuten, bis sie goldbraun und knusprig ist.

7 Lassen Sie die Bastila vor dem Servieren einige Minuten abkühlen. Bestäuben Sie sie mit Puderzucker und etwas Zimt.

MECHOUI |

MAROKKANISCH GEGRILLTES LAMM

6 - 8 Port.

4 Std., 30 Min. (inkl. Marinier- und Grillzeit)

Fortgeschritten

Zutaten

1 ganzes Lamm oder Schaf, ausgenommen und gereinigt
4 EL Olivenöl
4 Knoblauchzehen, zerdrückt
2 EL gemahlener Kreuzkümmel
2 EL Paprikapulver
1 EL gemahlener Koriander
Salz und Pfeffer nach Geschmack
Frische Kräuter (Rosmarin, Thymian), gehackt
Zusätzlicher gemahlener Kreuzkümmel und Salz zum Servieren

Nährwerte p. P.

500 kcal
0 g Kohlenhydrate
40 g Fett
38 g Eiweiß

1 Mischen Sie Olivenöl, zerdrückten Knoblauch, Kreuzkümmel, Paprikapulver, Koriander, Salz, Pfeffer und frische Kräuter in einer Schüssel zu einer Paste.

2 Reiben Sie das ganze Lamm innen und außen gründlich mit der Gewürzpaste ein. Lassen Sie das Lamm mindestens 4 Stunden, am besten über Nacht, im Kühlschrank marinieren.

3 Bereiten Sie einen Grill für indirektes Grillen vor, idealerweise einen Holzkohlegrill für authentischen Geschmack. Die Hitze sollte mittel bis niedrig sein.

4 Platzieren Sie das Lamm auf dem Grill und decken Sie es ab. Lassen Sie es langsam grillen, wobei Sie es gelegentlich wenden und mit der übrig gebliebenen Marinade bestreichen. Die Garzeit variiert je nach Größe des Lamms, rechnen Sie mit etwa 3 bis 4 Stunden.

5 Nehmen Sie das gegrillte Lamm vom Grill, wenn es zart und die Haut knusprig ist. Lassen Sie es vor dem Servieren 10 Minuten ruhen.

6 Zerlegen Sie das Lamm und servieren Sie es mit zusätzlichem Salz und gemahlenem Kreuzkümmel zum Bestreuen.

BROCHETTES |

MAROKKANISCHE FLEISCHSPIEẞE

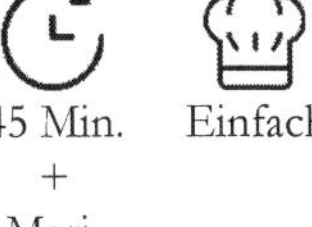

4 Port. | 45 Min. + Marinierzeit | Einfach

Zutaten

500 g Lamm- oder Rindfleisch, in Würfel geschnitten
2 Knoblauchzehen, zerdrückt
4 EL Olivenöl
1 TL gemahlener Kreuzkümmel
1 TL Paprikapulver
½ TL gemahlener Koriander
Saft von 1 Zitrone
Salz und Pfeffer nach Geschmack
Holz- oder Metallspieße

Optional:
Zwiebeln, Paprika und Tomaten, in Stücke geschnitten, für die Spieße

Nährwerte p. P.

310 kcal
5 g Kohlenhydrate
20 g Fett
28 g Eiweiß

1 Mischen Sie in einer Schüssel Olivenöl, zerdrückten Knoblauch, Kreuzkümmel, Paprikapulver, Koriander, Zitronensaft, Salz und Pfeffer zu einer Marinade.

2 Geben Sie die Fleischwürfel in die Marinade und stellen Sie sicher, dass alle Stücke gleichmäßig bedeckt sind. Bedecken Sie die Schüssel und lassen Sie das Fleisch mindestens 2 Stunden, am besten über Nacht, im Kühlschrank marinieren.

3 Wenn Sie Holzspieße verwenden, weichen Sie diese 30 Minuten lang in Wasser ein, um zu verhindern, dass sie auf dem Grill verbrennen.

4 Fädeln Sie das marinierte Fleisch und optional Gemüsestücke abwechselnd auf die Spieße.

5 Erhitzen Sie den Grill auf mittlere bis hohe Hitze. Grillen Sie die Brochettes, bis das Fleisch rundherum schön gebräunt und nach Wunsch gegart ist, dabei gelegentlich wenden. Für Lammfleisch beträgt die Grillzeit etwa 10 bis 12 Minuten, für Rindfleisch je nach Vorliebe etwas länger.

RFISSA |

HUHN MIT LINSEN UND GEWÜRZTEM BROT

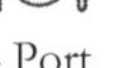

4 Port. 2 Std. Mittel

Zutaten

1 ganzes Huhn, in Stücke geschnitten
200 g grüne Linsen, über Nacht eingeweicht
2 Zwiebeln, fein gehackt
4 Knoblauchzehen, zerdrückt
1 TL gemahlener Ingwer
1 TL gemahlene Kurkuma
1 TL gemahlener Kreuzkümmel
½ TL Chilipulver
1 Bund frischer Koriander, gehackt
500 ml Hühnerbrühe
4 Stück Msemen oder anderes flaches Brot, in Stücke gerissen
Salz und Pfeffer nach Geschmack
Olivenöl zum Anbraten

Nährwerte p. P.

550 kcal
65 g Kohlenhydrate
15 g Fett
45 g Eiweiß

1 Erhitzen Sie etwas Olivenöl in einem großen Topf bei mittlerer Hitze. Fügen Sie Zwiebeln und Knoblauch hinzu und dünsten Sie sie, bis sie weich sind.

2 Geben Sie das Hühnchen hinzu und braten Sie es von allen Seiten an, bis es leicht gebräunt ist. Würzen Sie mit Ingwer, Kurkuma, Kreuzkümmel, Chilipulver, Salz und Pfeffer.

3 Fügen Sie die Hühnerbrühe und den gehackten Koriander hinzu. Bringen Sie alles zum Kochen, reduzieren Sie die Hitze und lassen Sie das Huhn abgedeckt etwa 1 Stunde köcheln, bis es zart ist.

4 Nehmen Sie das Hühnchen aus dem Topf und lassen Sie es etwas abkühlen. Zerzupfen Sie das Fleisch in kleinere Stücke.

5 Geben Sie die eingeweichten Linsen in die im Topf verbliebene Soße und kochen Sie sie, bis sie weich sind, etwa 20 bis 30 Minuten.

6 Legen Sie das gerissene Brot auf eine große Servierplatte. Verteilen Sie das zerzupfte Hühnerfleisch darauf und gießen Sie die Linsensoße gleichmäßig darüber.

7 Servieren Sie Rfissa garniert mit zusätzlichem frischen Koriander, falls gewünscht.

MROUZIA |

HONIG-LAMM MIT ROSINEN UND MANDELN

4 – 6 Port.

2 Std., 30 Min.

Mittel

Zutaten

1 kg Lammfleisch, in große Stücke geschnitten
2 Zwiebeln, fein gehackt
100 g Rosinen, eingeweicht und abgetropft
100 g geschälte Mandeln, leicht geröstet
4 EL Honig
2 EL Ras el Hanout
1 TL Zimt
½ TL gemahlener Ingwer
½ TL gemahlene Kurkuma
¼ TL Safranfäden
Salz und Pfeffer nach Geschmack
500 ml Wasser
3 EL Pflanzenöl
Frischer Koriander zum Garnieren

Nährwerte p. P.

600 kcal
20 g Kohlenhydrate
40 g Fett
45 g Eiweiß

1 Erhitzen Sie das Pflanzenöl in einem großen Topf bei mittlerer Hitze. Braten Sie die Zwiebeln an, bis sie weich und glasig sind.

2 Fügen Sie das Lammfleisch hinzu und braten Sie es an, bis es rundherum braun ist. Würzen Sie das Fleisch mit Ras el Hanout, Zimt, Ingwer, Kurkuma, Safran, Salz und Pfeffer.

3 Gießen Sie das Wasser in den Topf und bringen Sie es zum Kochen. Reduzieren Sie die Hitze, decken Sie den Topf ab und lassen Sie das Lammfleisch etwa 1,5 Stunden langsam köcheln, bis es zart ist.

4 Fügen Sie den Honig und die eingeweichten Rosinen zum Fleisch hinzu. Rühren Sie um und lassen Sie das Gericht weitere 30 Minuten köcheln, bis die Soße eindickt.

5 Rösten Sie in der Zwischenzeit die Mandeln in einer trockenen Pfanne, bis sie goldbraun sind. Bewahren Sie sie für die Garnierung auf.

6 Überprüfen Sie die Konsistenz der Soße; sie sollte dick und reichhaltig sein. Passen Sie die Würze bei Bedarf an.

7 Servieren Sie das Lammfleisch heiß, bestreut mit den gerösteten Mandeln und frischem Koriander.

Hauptgerichte mit Fisch & Meeresfrüchten

SARDINES BI CHERMOULA |

SARDINEN IN CHERMOULA-MARINADE

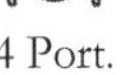

4 Port. | 40 Min. inkl. Marinierzeit | Einfach

Zutaten

500 g Sardinenfilets, sauber und entgrätet
Für die Chermoula-Marinade:
2 Knoblauchzehen, fein gehackt
1 Bund frischer Koriander, fein gehackt
1 TL Paprikapulver
1 TL gemahlener Kreuzkümmel
½ TL Chiliflocken nach Geschmack
Saft von 1 Zitrone
3 EL Olivenöl
Salz und Pfeffer nach Geschmack
Zitronenspalten und Koriander zum garnieren

Nährwerte p. P.

200 kcal
0 g Kohlenhydrate
14 g Fett
20 g Eiweiß

1 Bereiten Sie die Chermoula-Marinade vor, indem Sie Knoblauch, Koriander, Paprikapulver, Kreuzkümmel, Chiliflocken, Zitronensaft, Olivenöl, Salz und Pfeffer in einer Schüssel gründlich vermischen.

2 Legen Sie die Sardinenfilets in eine flache Schale und verteilen Sie die Chermoula-Marinade gleichmäßig über den Fischfilets. Stellen Sie sicher, dass alle Filets gut mit der Marinade bedeckt sind. Lassen Sie die Sardinen etwa 30 Minuten im Kühlschrank marinieren.

3 Heizen Sie den Grill oder eine Grillpfanne auf mittlere bis hohe Hitze vor. Alternativ können Sie auch den Backofen auf 200 °C (Ober-/Unterhitze) vorheizen.

4 Grillen Sie die marinierten Sardinenfilets etwa 3 bis 4 Minuten pro Seite, bis sie gut gebräunt und durchgegart sind. Falls Sie den Backofen verwenden, legen Sie die Sardinen auf ein mit Backpapier ausgelegtes Backblech und backen Sie sie etwa 10 Minuten, bis sie fertig sind.

5 Servieren Sie die Sardinen heiß, garniert mit zusätzlichen Zitronenschnitzen und frischem Koriander.

COUSCOUS BEL HOUT |

COUSCOUS MIT MEERESFRÜCHTEN

4 Port.

1 Std.

Mittel

Zutaten

400 g Couscous
500 g gemischte Meeresfrüchte (z. B. Garnelen, Muscheln, Tintenfischringe)
1 Liter Fischbrühe
2 Zwiebeln, fein gehackt
3 Knoblauchzehen, fein gehackt
2 Tomaten, gewürfelt
1 Bund frischer Koriander, gehackt
1 TL Paprikapulver
½ TL Kurkuma
½ TL gemahlener Kreuzkümmel
Saft von 1 Zitrone
3 EL Olivenöl
Salz und Pfeffer nach Geschmack

Nährwerte p. P.

350 kcal
45 g Kohlenhydrate
5 g Fett
25 g Eiweiß

1 Gießen Sie die Fischbrühe in einen großen Topf und bringen Sie sie zum Kochen. Fügen Sie die Hälfte der gehackten Zwiebeln und Knoblauch sowie Paprikapulver, Kurkuma und Kreuzkümmel hinzu. Lassen Sie die Brühe 10 Minuten köcheln.

2 Bereiten Sie den Couscous nach Packungsanleitung vor. Verwenden Sie für zusätzliches Aroma einen Teil der gewürzten Fischbrühe anstelle von Wasser.

3 Erhitzen Sie in einer separaten Pfanne das Olivenöl bei mittlerer Hitze. Fügen Sie die restlichen Zwiebeln und Knoblauch hinzu und dünsten Sie sie, bis sie weich sind. Geben Sie die Tomatenwürfel hinzu und kochen Sie alles einige Minuten, bis die Tomaten weich sind.

4 Fügen Sie die Meeresfrüchte zur Tomatenmischung hinzu. Gießen Sie die restliche Fischbrühe auf und würzen Sie mit Salz und Pfeffer. Lassen Sie alles bei geschlossenem Deckel 5 bis 10 Minuten köcheln, bis die Meeresfrüchte gar sind.

5 Rühren Sie den frischen Koriander und den Zitronensaft unter die Meeresfrüchte.

6 Fluffen Sie den Couscous mit einer Gabel auf und verteilen Sie ihn auf einer großen Servierplatte. Löffeln Sie die Meeresfrüchte mit ihrer Soße über den Couscous.

7 Servieren Sie den Couscous bel Hout sofort, garniert mit zusätzlichem frischen Koriander, falls gewünscht.

CALAMAR MHAWER |

GEFÜLLTE TINTENFISCHE

4 Port.

1 Std., 30 Min.

Mittel

Zutaten

4 große Tintenfische, gereinigt und Tentakel beiseitegelegt
150 g Reis, vorgekocht
100 g Hackfleisch (optional)
2 EL Olivenöl
1 Zwiebel, fein gewürfelt
2 Knoblauchzehen, fein gehackt
2 Tomaten, gewürfelt
1 Bund frische Petersilie, gehackt
1 TL Paprikapulver
½ TL gemahlener Kreuzkümmel
Salz und Pfeffer nach Geschmack
400 ml Tomatensoße
Zahnstocher zum Verschließen der Tintenfische
Zusätzliches Olivenöl zum Anbraten

Nährwerte p. P.

300 kcal
20 g Kohlenhydrate
10 g Fett
25 g Eiweiß

1 Hacken Sie die Tintenfischtentakel fein. Erhitzen Sie 2 EL Olivenöl in einer Pfanne bei mittlerer Hitze. Dünsten Sie die Zwiebeln und den Knoblauch, bis sie weich sind.

2 Fügen Sie das Hackfleisch (falls verwendet) und die gehackten Tentakel hinzu. Braten Sie alles an, bis das Fleisch gebräunt ist.

3 Geben Sie die gewürfelten Tomaten, den vorgekochten Reis, die Hälfte der gehackten Petersilie, Paprikapulver, Kreuzkümmel, Salz und Pfeffer in die Pfanne. Kochen Sie die Mischung einige Minuten lang, bis sie gut durchwärmt ist.

4 Füllen Sie die Tintenfische mit der Reismischung, achten Sie darauf, sie nicht zu fest zu stopfen. Schließen Sie die Öffnung mit Zahnstochern.

5 In einem großen Topf erhitzen Sie etwas Olivenöl und braten die gefüllten Tintenfische von allen Seiten kurz an.

6 Gießen Sie die Tomatensoße über die Tintenfische, decken Sie den Topf ab und lassen Sie alles bei niedriger Hitze etwa 45 bis 60 Minuten köcheln, bis die Tintenfische zart sind. Entfernen Sie vor dem Servieren die Zahnstocher und bestreuen Sie die Tintenfische mit der restlichen Petersilie.

HOUT ALA ZAALOUK |

FISCH AUF AUBERGINENPÜREE

4 Port. 1 Std. Mittel

Zutaten

4 Fischfilets (z. B. Kabeljau, Seelachs)
3 große Auberginen
4 Tomaten, gewürfelt
2 Knoblauchzehen, fein gehackt
1 TL Paprikapulver
½ TL Kreuzkümmel
¼ TL Chiliflocken (optional)
Saft von 1 Zitrone
3 EL Olivenöl
Salz und Pfeffer nach Geschmack
Frischer Koriander zum Garnieren

Nährwerte p. P.

320 kcal
15 g Kohlenhydrate
18 g Fett
28 g Eiweiß

1 Heizen Sie den Backofen auf 200 °C (Ober-/Unterhitze) vor.

2 Halbieren Sie die Auberginen längs und ritzen Sie das Fleisch mit einem Messer ein. Bestreichen Sie die Schnittflächen mit etwas Olivenöl und würzen Sie mit Salz und Pfeffer. Legen Sie die Auberginen mit der Schnittseite nach unten auf ein mit Backpapier belegtes Backblech. Backen Sie sie 30 bis 40 Minuten, bis das Fleisch weich ist.

3 Währenddessen erhitzen Sie 1 EL Olivenöl in einer Pfanne bei mittlerer Hitze. Braten Sie die Fischfilets von beiden Seiten an, bis sie durchgegart und goldbraun sind. Würzen Sie die Filets mit Salz, Pfeffer und etwas Zitronensaft. Nehmen Sie den Fisch aus der Pfanne und halten Sie ihn warm.

4 Entfernen Sie die Auberginen aus dem Ofen und lassen Sie sie kurz abkühlen. Löffeln Sie das weiche Auberginenfleisch heraus und geben Sie es in eine Pfanne. Fügen Sie die Tomaten, den Knoblauch, Paprikapulver, Kreuzkümmel und Chiliflocken hinzu. Zerdrücken Sie die Auberginen mit einem Löffel oder Pürierstab zu einem groben Püree. Kochen Sie das Püree bei mittlerer Hitze 10 bis 15 Minuten, bis es dicklich wird. Schmecken Sie mit Salz, Pfeffer und Zitronensaft ab.

5 Verteilen Sie das Auberginenpüree auf Tellern, legen Sie je ein Fischfilet darauf und garnieren Sie das Gericht mit frischem Koriander.

KEFTA DYAL HOUT |

FISCHBÄLLCHEN

4 Port.

1 Std.

Mittel

Zutaten

500 g festes Fischfilet (z. B. Kabeljau, Seelachs), fein gehackt oder zerkleinert
1 Zwiebel, fein gewürfelt
2 Knoblauchzehen, fein gehackt
1 Bund frische Petersilie, gehackt
1 TL Paprikapulver
½ TL gemahlener Kreuzkümmel
¼ TL Cayennepfeffer
Salz und Pfeffer nach Geschmack
2 EL Olivenöl
Für die Tomatensoße:
400 g gehackte Tomaten aus der Dose
1 Zwiebel, fein gewürfelt
2 Knoblauchzehen, fein gehackt
1 TL Paprikapulver
½ TL gemahlener Kreuzkümmel
Salz und Pfeffer nach Geschmack
Wasser nach Bedarf

Nährwerte p. P.

260 kcal
10 g Kohlenhydrate
12 g Fett
28 g Eiweiß

1 Vermengen Sie das zerkleinerte Fischfilet in einer Schüssel mit Zwiebel, Knoblauch, Petersilie, Paprikapulver, Kreuzkümmel, Cayennepfeffer, Salz und Pfeffer. Formen Sie die Masse zu kleinen Bällchen.

2 Erhitzen Sie 2 EL Olivenöl in einem breiten Topf oder einer tiefen Pfanne. Fügen Sie die Zwiebel und den Knoblauch für die Tomatensoße hinzu und dünsten Sie alles, bis es weich ist.

3 Geben Sie die gehackten Tomaten, Paprikapulver, Kreuzkümmel, Salz und Pfeffer in die Pfanne. Lassen Sie die Soße bei mittlerer Hitze 10 Minuten köcheln.

4 Legen Sie die Fischbällchen vorsichtig in die Tomatensoße. Fügen Sie bei Bedarf etwas Wasser hinzu, um die Soße zu verdünnen. Decken Sie die Pfanne ab und lassen Sie die Fischbällchen 20 bis 25 Minuten bei niedriger Hitze köcheln, bis sie durchgegart sind.

5 Überprüfen Sie die Konsistenz der Soße und die Würze. Passen Sie bei Bedarf an.

SEFFA DYAL HOUT |

SÜẞER COUSCOUS MIT MEERESFRÜCHTEN

4 Port.

1 Std., 20 Min.

Mittel

Zutaten

400 g Couscous
500 g gemischte Meeresfrüchte (z. B. Garnelen, Muscheln, Tintenfisch)
1 Liter Fischbrühe
100 g Rosinen, eingeweicht
2 EL Butter
1 TL Zimt
4 EL Zucker
Salz nach Geschmack
2 EL Olivenöl
Frische Minze zur Garnierung

Nährwerte p. P.

400 kcal
60 g Kohlenhydrate
5 g Fett
30 g Eiweiß

1 Gießen Sie die Fischbrühe in einen Topf und erhitzen Sie sie bis zum Siedepunkt. Nehmen Sie den Topf vom Herd.

2 Platzieren Sie den Couscous in einer großen Schüssel und vermischen Sie ihn mit 1 EL Olivenöl und 1 Prise Salz. Gießen Sie die heiße Fischbrühe über den Couscous, bis dieser vollständig bedeckt ist. Bedecken Sie die Schüssel mit einem sauberen Tuch und lassen Sie den Couscous 10 Minuten quellen.

3 Lockern Sie den Couscous mit einer Gabel auf und mischen Sie Butter, die Hälfte des Zimts und Zucker unter. Decken Sie den Couscous erneut ab und lassen Sie ihn weitere 5 Minuten ruhen.

4 Erhitzen Sie in der Zwischenzeit 1 EL Olivenöl in einer Pfanne. Fügen Sie die Meeresfrüchte hinzu und braten Sie sie, bis sie gerade gar sind, etwa 5 bis 7 Minuten, abhängig von der Größe. Würzen Sie mit Salz und dem restlichen Zimt.

5 Verteilen Sie den Couscous auf einer Servierplatte. Legen Sie die Meeresfrüchte darauf und garnieren Sie das Gericht mit den eingeweichten Rosinen und frischer Minze.

6 Bestreuen Sie das fertige Gericht vor dem Servieren mit dem restlichen Zucker.

HOUT BI CHERMOULA |

FISCH IN CHERMOULA-SOẞE

4 Port.

1 Std.

Mittel

Zutaten

4 Fischfilets (z. B. Dorade, Kabeljau)
Für die Chermoula:
2 Knoblauchzehen, fein gehackt
1 Bund frischer Koriander, fein gehackt
1 TL Paprikapulver
½ TL gemahlener Kreuzkümmel
¼ TL Cayennepfeffer
Saft von 1 Zitrone
3 EL Olivenöl
Salz und Pfeffer nach Geschmack

Zusätzliche Zutaten:

2 Tomaten, in Scheiben geschnitten
1 Zwiebel, in Ringe geschnitten
1 rote Paprika, in Streifen geschnitten
1 Zitrone, in Scheiben geschnitten, zur Garnierung
Frischer Koriander zur Garnierung

Nährwerte p. P.

310 kcal
5 g Kohlenhydrate
15 g Fett
35 g Eiweiß

1 Bereiten Sie die Chermoula vor, indem Sie Knoblauch, Koriander, Paprikapulver, Kreuzkümmel, Cayennepfeffer, Zitronensaft, Olivenöl, Salz und Pfeffer in einer Schüssel zu einer Paste vermischen.

2 Legen Sie die Fischfilets in eine flache Schale und bestreichen Sie sie rundum mit der Chermoula-Paste. Lassen Sie den Fisch mindestens 30 Minuten im Kühlschrank marinieren.

3 Verteilen Sie die Tomaten-, Zwiebel- und Paprikascheiben in einer großen, ofenfesten Pfanne oder einem flachen Topf. Legen Sie die marinierten Fischfilets darauf.

4 Gießen Sie eventuell verbliebene Chermoula über den Fisch und das Gemüse. Bedecken Sie die Pfanne mit einem Deckel oder Alufolie.

5 Kochen Sie den Fisch bei mittlerer Hitze auf dem Herd oder im vorgeheizten Backofen bei 180 °C (Ober-/Unterhitze) für etwa 20 bis 25 Minuten, bis der Fisch durchgegart und das Gemüse weich ist.

6 Garnieren Sie den fertigen Fisch mit frischen Zitronenscheiben und frischem Koriander.

Vegetarische Hauptgerichte

M'HANCHA |

GEFÜLLTE TEIGSCHNECKEN

4 - 6 Port.

1 Std., 20 Min.

Mittel

Zutaten

10 Blätter Filoteig
300 g frischer Spinat, gewaschen und grob gehackt
200 g Feta, zerkrümelt
2 EL Olivenöl
1 Zwiebel, fein gewürfelt
2 Knoblauchzehen, fein gehackt
1 TL Kreuzkümmel, gemahlen
1 TL Koriander, gemahlen
Salz und Pfeffer nach Geschmack
1 Ei, geschlagen, zum Bestreichen
Sesamsamen zum Bestreuen

Nährwerte p. P.

320 kcal
30 g Kohlenhydrate
18 g Fett
12 g Eiweiß

1 Heizen Sie den Backofen auf 180 °C (Ober-/Unterhitze) vor. Erhitzen Sie 1 EL Olivenöl in einer Pfanne und dünsten Sie die Zwiebel und den Knoblauch weich.

2 Fügen Sie den Spinat hinzu und lassen Sie ihn zusammenfallen. Würzen Sie mit Kreuzkümmel, Koriander, Salz und Pfeffer. Nehmen Sie die Mischung vom Herd und lassen Sie sie abkühlen. Mischen Sie den zerkrümelten Feta unter die abgekühlte Spinatmischung.

3 Legen Sie ein Blatt Filoteig auf eine saubere Arbeitsfläche und bestreichen Sie es leicht mit Olivenöl. Legen Sie ein weiteres Blatt darauf und wiederholen Sie den Vorgang, bis Sie eine Schicht aus 5 Blättern haben.

4 Verteilen Sie die Hälfte der Spinat-Feta-Mischung am unteren Rand der Teigschicht und rollen Sie den Teig zu einer langen Wurst.

5 Formen Sie die Teigrolle zu einer Spirale oder Schnecke und legen Sie sie auf ein mit Backpapier ausgelegtes Backblech. Wiederholen Sie den Vorgang mit den restlichen Filoteigblättern und der Füllung.

6 Bestreichen Sie die Oberfläche der Teigschnecke(n) mit dem geschlagenen Ei und bestreuen Sie sie mit Sesamsamen. Backen Sie die M'hancha 25 bis 30 Minuten im vorgeheizten Ofen, bis sie goldbraun und knusprig ist.

KHOBZ BERBER |

VEGETARISCHE BERBER-PIZZA

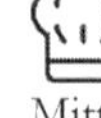

4 Port. 1 Std. Mittel

Zutaten

500 g Weizenmehl
250 ml Wasser (Menge nach Bedarf anpassen)
1 TL Salz
2 EL Olivenöl
2 Zwiebeln, fein gewürfelt
4 Tomaten, gewürfelt
2 Knoblauchzehen, fein gehackt
1 Bund frische Petersilie, gehackt
1 Bund frischer Koriander, gehackt
1 TL Paprikapulver
½ TL Kreuzkümmel
Salz und Pfeffer nach Geschmack

Nährwerte p. P.

250 kcal
45 g Kohlenhydrate
5 g Fett
8 g Eiweiß

1 Vermischen Sie das Mehl und Salz in einer großen Schüssel. Fügen Sie Wasser hinzu und kneten Sie den Teig, bis er geschmeidig und elastisch ist. Bei Bedarf etwas mehr Wasser oder Mehl hinzufügen. Lassen Sie den Teig 30 Minuten an einem warmen Ort ruhen.

2 Erhitzen Sie 2 EL Olivenöl in einer Pfanne und dünsten Sie Zwiebeln und Knoblauch, bis sie weich sind. Geben Sie die Tomaten hinzu und kochen Sie die Mischung, bis sie etwas eingedickt ist. Nehmen Sie die Pfanne vom Herd und rühren Sie Petersilie, Koriander, Paprikapulver und Kreuzkümmel unter. Würzen Sie mit Salz und Pfeffer.

3 Teilen Sie den Teig in 4 gleich große Stücke. Rollen Sie jedes Stück auf einer bemehlten Arbeitsfläche zu einem Kreis aus, etwa 5 mm dick.

4 Verteilen Sie die Tomaten-Zwiebel-Mischung gleichmäßig auf den Teigkreisen, lassen Sie dabei einen kleinen Rand frei.

5 Falten Sie den Rand über die Füllung, um eine geschlossene Pizza zu formen.

6 Heizen Sie eine schwere Pfanne oder eine Gusseisenpfanne bei mittlerer Hitze vor. Backen Sie jede Pizza in der trockenen Pfanne, bis sie auf beiden Seiten goldbraun ist, etwa 5 bis 7 Minuten pro Seite.

SHAKSHUKA |

POCHIERTE EIER IN TOMATENSOẞE

4 Port.

40 Min.

Einfach

Zutaten

4 große Eier
2 EL Olivenöl
1 große Zwiebel, gewürfelt
1 rote Paprika, gewürfelt
2 Knoblauchzehen, fein gehackt
1 Dose (400 g) gehackte Tomaten
1 TL Paprikapulver
½ TL Kreuzkümmel
¼ TL Cayennepfeffer (optional für mehr Schärfe)
Salz und Pfeffer nach Geschmack
Frischer Koriander oder Petersilie zum Garnieren

Nährwerte p. P.

180 kcal
10 g Kohlenhydrate
12 g Fett
10 g Eiweiß

1 Erhitzen Sie Olivenöl in einer großen, tiefen Pfanne bei mittlerer Hitze. Fügen Sie Zwiebeln und Paprika hinzu und dünsten Sie sie, bis sie weich sind.

2 Geben Sie den Knoblauch hinzu und dünsten Sie ihn kurz mit, bis er duftet.

3 Fügen Sie die gehackten Tomaten, Paprikapulver, Kreuzkümmel, Cayennepfeffer, Salz und Pfeffer hinzu. Lassen Sie die Soße etwa 10 Minuten köcheln, bis sie leicht eingedickt ist.

4 Machen Sie mit einem Löffel 4 Mulden in der Soße und schlagen Sie je 1 Ei in jede Mulde.

5 Decken Sie die Pfanne ab und lassen Sie die Eier 8 bis 10 Minuten garen, oder bis das Eiweiß gestockt, aber das Eigelb noch flüssig ist. Passen Sie die Garzeit nach Ihrer Vorliebe für die Konsistenz der Eier an.

6 Nehmen Sie die Pfanne vom Herd und garnieren Sie die Shakshuka mit frischem Koriander oder Petersilie.

PASTILLA BIL KHODAR |

VEGETARISCHE PASTILLA

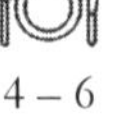
4 – 6 Port.

1 Std., 30 Min.

Mittel

Zutaten

10 Blätter Filoteig
400 g gemischtes Gemüse (z. B. Zucchini, Paprika, Karotten), in kleine Würfel geschnitten
100 g gemischte Nüsse (z. B. Mandeln, Walnüsse), grob gehackt
2 EL Olivenöl
1 Zwiebel, fein gewürfelt
2 Knoblauchzehen, fein gehackt
1 TL Zimt
½ TL gemahlener Ingwer
¼ TL Cayennepfeffer
2 EL brauner Zucker
2 EL Rosinen, eingeweicht
Saft von 1 Zitrone
Salz und Pfeffer nach Geschmack
Extra Olivenöl zum Bestreichen der Pastilla
Puderzucker und gemahlener Zimt zum Bestäuben

Nährwerte p. P.

350 kcal
40 g Kohlenhydrate
18 g Fett
8 g Eiweiß

1 Heizen Sie den Backofen auf 190 °C (Ober-/Unterhitze) vor.

2 Erhitzen Sie das Olivenöl in einer großen Pfanne und sautieren Sie die Zwiebel und den Knoblauch, bis sie weich sind.

3 Fügen Sie das Gemüse hinzu und kochen Sie es, bis es weich, aber nicht matschig ist. Geben Sie Zimt, Ingwer, Cayennepfeffer, braunen Zucker, Rosinen und Zitronensaft dazu. Würzen Sie mit Salz und Pfeffer. Vom Herd nehmen und abkühlen lassen.

4 Mischen Sie die Nüsse unter die Gemüsemischung.

5 Legen Sie 2 Filoteigblätter übereinander und bestreichen Sie sie leicht mit Olivenöl. Wiederholen Sie diesen Schritt, bis Sie eine dicke Schicht haben. Platzieren Sie die Gemüse-Nuss-Füllung in der Mitte und falten Sie die Teigränder darüber, um eine Pastilla zu formen.

6 Bestreichen Sie die Oberfläche der Pastilla mit etwas Olivenöl und backen Sie sie 20 bis 25 Minuten lang, bis sie goldbraun und knusprig ist.

7 Lassen Sie die Pastilla kurz abkühlen und bestäuben Sie sie vor dem Servieren mit Puderzucker und Zimt.

BATATA HARRA |

WÜRZIGE KARTOFFELN

4 Port.

45 Min.

Einfach

Zutaten

800 g Kartoffeln, geschält und in Würfel geschnitten
3 EL Olivenöl
2 Knoblauchzehen, fein gehackt
1 TL gemahlener Kreuzkümmel
½ TL Chiliflocken, oder nach Geschmack
1 Bund frischer Koriander, gehackt
Saft von 1 Zitrone
Salz und Pfeffer nach Geschmack

Nährwerte p. P.

200 kcal
30 g Kohlenhydrate
7 g Fett
4 g Eiweiß

1 Heizen Sie den Backofen auf 200 °C (Ober-/Unterhitze) vor.

2 Geben Sie die Kartoffelwürfel in eine große Schüssel. Vermengen Sie die Kartoffeln mit Olivenöl, Knoblauch, Kreuzkümmel, Chiliflocken, Salz und Pfeffer, bis alle Würfel gleichmäßig gewürzt sind.

3 Breiten Sie die Kartoffelwürfel auf einem mit Backpapier ausgelegten Backblech aus. Achten Sie darauf, dass die Würfel nicht übereinanderliegen, damit sie gleichmäßig garen und knusprig werden.

4 Backen Sie die Kartoffeln 25 bis 30 Minuten im vorgeheizten Ofen oder bis sie goldbraun und knusprig sind. Wenden Sie die Kartoffeln nach der Hälfte der Backzeit, um eine gleichmäßige Bräunung zu gewährleisten.

5 Nehmen Sie die Kartoffeln aus dem Ofen und geben Sie sie zurück in die Schüssel. Fügen Sie den frischen Koriander und Zitronensaft hinzu und vermischen Sie alles gut.

LOUBIA B'ZEITOUN |
WEIẞE BOHNEN IN TOMATENSOẞE

4 Port.

1 Std., 10 Min.

Einfach

Zutaten

400 g getrocknete weiße Bohnen, über Nacht eingeweicht
3 EL Olivenöl
1 große Zwiebel, fein gewürfelt
2 Knoblauchzehen, fein gehackt
400 g gehackte Tomaten aus der Dose
1 TL Paprikapulver
½ TL Kreuzkümmel
100 g grüne Oliven, entsteint
Salz und Pfeffer nach Geschmack
Frischer Koriander zum Garnieren
500 ml Wasser oder Gemüsebrühe

Nährwerte p. P.

270 kcal
40 g Kohlenhydrate
7 g Fett
14 g Eiweiß

1 Spülen Sie die eingeweichten weißen Bohnen ab und geben Sie sie in einen großen Topf. Fügen Sie frisches Wasser hinzu, sodass die Bohnen gut bedeckt sind. Bringen Sie das Wasser zum Kochen, reduzieren Sie dann die Hitze und lassen Sie die Bohnen etwa 30 Minuten köcheln, bis sie fast weich sind.

2 Erhitzen Sie das Olivenöl in einer tiefen Pfanne oder einem Topf bei mittlerer Hitze. Dünsten Sie die Zwiebeln und den Knoblauch, bis sie weich und glasig sind.

3 Fügen Sie die gehackten Tomaten, Paprikapulver, Kreuzkümmel, Salz und Pfeffer hinzu. Lassen Sie die Tomatensoße 10 Minuten bei niedriger Hitze köcheln.

4 Geben Sie die vorgekochten Bohnen samt Kochwasser und die Oliven in die Tomatensoße. Rühren Sie um, decken Sie den Topf ab und lassen Sie alles bei niedriger Hitze weitere 30 Minuten köcheln, bis die Bohnen vollständig weich sind und die Soße eingedickt ist.

5 Schmecken Sie die Bohnen ab und passen Sie die Würze bei Bedarf an.

6 Servieren Sie Loubia b'Zeitoun garniert mit frischem Koriander.

ZAALOUK DE CHOUFLEUR |

BLUMENKOHL-ZAALOUK

4 Port. 45 Min. Einfach

Zutaten

1 großer Blumenkohl, in Röschen zerteilt
3 EL Olivenöl
2 Knoblauchzehen, fein gehackt
2 Tomaten, gewürfelt
1 TL Paprikapulver
½ TL gemahlener Kreuzkümmel
¼ TL Cayennepfeffer (optional für mehr Schärfe)
Salz und Pfeffer nach Geschmack
Frischer Koriander, gehackt, zum Garnieren
Saft von 1 Zitrone

Nährwerte p. P.

150 kcal
18 g Kohlenhydrate
7 g Fett
5 g Eiweiß

1 Bringen Sie einen großen Topf Salzwasser zum Kochen. Blanchieren Sie die Blumenkohlröschen etwa 5 Minuten, bis sie gerade weich sind. Gießen Sie das Wasser ab und lassen Sie den Blumenkohl etwas abkühlen.

2 Erhitzen Sie in einer großen Pfanne 2 EL Olivenöl bei mittlerer Hitze. Fügen Sie den Knoblauch hinzu und dünsten Sie ihn, bis er duftet.

3 Geben Sie die gewürfelten Tomaten, Paprikapulver, Kreuzkümmel, Cayennepfeffer, Salz und Pfeffer in die Pfanne. Köcheln Sie die Mischung etwa 10 Minuten, bis sie eindickt.

4 Zerdrücken Sie die Blumenkohlröschen grob mit einer Gabel oder einem Kartoffelstampfer und fügen Sie sie zur Tomatensoße in der Pfanne hinzu. Vermischen Sie alles gut und lassen Sie den Blumenkohl 15 bis 20 Minuten auf niedriger Hitze köcheln, damit er die Aromen aufnehmen kann. Gelegentlich umrühren.

5 Nehmen Sie die Pfanne vom Herd. Drücken Sie den Zitronensaft über den Zaalouk und vermischen Sie ihn erneut.

6 Vor dem Servieren mit frischem Koriander garnieren und mit dem restlichen Olivenöl beträufeln.

Vegane Hauptgerichte

COUSCOUS BIL KHODAR |

COUSCOUS MIT GEMÜSE

4 Port.

1 Std.

Mittel

Zutaten

400 g Couscous
1 Liter Gemüsebrühe
2 EL Olivenöl
1 Zucchini, in Würfel geschnitten
2 Karotten, in Würfel geschnitten
1 rote Paprika, in Streifen geschnitten
1 kleine Aubergine, in Würfel geschnitten
1 Dose Kichererbsen, abgespült und abgetropft
1 Zwiebel, fein gewürfelt
2 Knoblauchzehen, fein gehackt
1 TL Kreuzkümmel
1 TL Paprikapulver
½ TL Zimt
Salz und Pfeffer nach Geschmack
Frische Petersilie oder Koriander zum Garnieren

Nährwerte p. P.

350 kcal
70 g Kohlenhydrate
1 g Fett
13 g Eiweiß

1 Gießen Sie die Gemüsebrühe in einen großen Topf und bringen Sie sie zum Kochen. Schalten Sie die Hitze aus und rühren Sie den Couscous ein. Decken Sie den Topf ab und lassen Sie den Couscous 5 Minuten quellen. Fluffen Sie den Couscous danach mit einer Gabel auf und mischen Sie 1 EL Olivenöl unter.

2 Erhitzen Sie in einer großen Pfanne oder einem tiefen Topf das restliche Olivenöl bei mittlerer Hitze. Dünsten Sie Zwiebel und Knoblauch, bis sie weich sind.

3 Fügen Sie Karotten, Zucchini, Aubergine und rote Paprika hinzu. Sautieren Sie das Gemüse, bis es anfängt, weich zu werden, etwa 10 Minuten.

4 Geben Sie die Kichererbsen, Kreuzkümmel, Paprikapulver, Zimt sowie Salz und Pfeffer hinzu. Rühren Sie gut um und lassen Sie das Gemüse bei niedriger Hitze weitere 10 bis 15 Minuten köcheln, bis alles schön weich ist.

5 Verteilen Sie den Couscous auf einer großen Servierplatte und löffeln Sie das Gemüseragout darauf. Garnieren Sie das Gericht mit frischer Petersilie oder Koriander.

6 Servieren Sie Couscous Bil Khodar idealerweise mit einem Klecks Harissa oder einem Zitronenschnitz für extra Würze.

LOUBIA BIL ZEITOUN | WEIẞE BOHNEN MIT OLIVEN

4 Port. | 1 Std., 10 Min. | Einfach

Zutaten

400 g weiße Bohnen, über Nacht eingeweicht, oder 2 Dosen weiße Bohnen, abgespült und abgetropft
2 EL Olivenöl
1 große Zwiebel, fein gewürfelt
3 Knoblauchzehen, fein gehackt
400 g gehackte Tomaten aus der Dose
100 g grüne Oliven, entsteint
1 TL Paprikapulver
½ TL Kreuzkümmel
Salz und Pfeffer nach Geschmack
Frischer Koriander oder Petersilie zum Garnieren

Nährwerte p. P.

270 kcal
40 g Kohlenhydrate
7 g Fett
14 g Eiweiß

1 Falls Sie getrocknete Bohnen verwenden, spülen Sie die eingeweichten Bohnen ab und kochen Sie sie in frischem Wasser, bis sie weich sind, etwa 1 Stunde. Bei Verwendung von Dosenbohnen diesen Schritt überspringen.

2 Erhitzen Sie das Olivenöl in einem großen Topf bei mittlerer Hitze. Fügen Sie die Zwiebeln und den Knoblauch hinzu und dünsten Sie sie, bis sie weich und glasig sind.

3 Geben Sie die gehackten Tomaten, Paprikapulver, Kreuzkümmel sowie Salz und Pfeffer hinzu. Lassen Sie die Soße bei niedriger Hitze etwa 10 Minuten köcheln.

4 Fügen Sie die vorgekochten oder abgespülten und abgetropften weißen Bohnen sowie die Oliven zur Tomatensoße hinzu. Rühren Sie alles gut um.

5 Decken Sie den Topf ab und lassen Sie das Gericht bei niedriger Hitze etwa 20 Minuten köcheln, damit die Aromen sich gut verbinden können. Falls die Mischung zu dick wird, können Sie ein wenig Wasser oder Gemüsebrühe hinzufügen.

6 Probieren Sie das Gericht und passen Sie die Würze nach Bedarf an.

7 Garnieren Sie Loubia Bil Zeitoun vor dem Servieren mit frischem Koriander oder Petersilie.

COUSCOUS TFAYA |

COUSCOUS MIT ZWIEBELN UND ROSINEN

4 Port.

1 Std.

Mittel

Zutaten

400 g Couscous
1 Liter Gemüsebrühe
4 große Zwiebeln, in dünne Scheiben geschnitten
200 g Rosinen, eingeweicht in warmem Wasser
2 TL Zimt
½ TL Safranfäden, in warmem Wasser aufgelöst
3 EL Zucker
Salz nach Geschmack
2 EL Olivenöl
Frische Petersilie oder Koriander zum Garnieren

Nährwerte p. P.

380 kcal
80 g Kohlenhydrate
2 g Fett
13 g Eiweiß

1 Gießen Sie die Gemüsebrühe in einen großen Topf und bringen Sie sie zum Kochen. Fügen Sie den Couscous hinzu und entfernen Sie den Topf vom Herd. Bedecken Sie den Topf und lassen Sie den Couscous 5 Minuten quellen. Fluffen Sie den Couscous anschließend mit einer Gabel auf, um sicherzustellen, dass keine Klumpen entstehen.

2 Erhitzen Sie in einer tiefen Pfanne oder einem Topf das Olivenöl bei mittlerer Hitze. Fügen Sie die Zwiebelscheiben hinzu und dünsten Sie sie, bis sie weich und golden sind, etwa 10 bis 15 Minuten. Achten Sie darauf, dass die Zwiebeln nicht verbrennen.

3 Geben Sie die eingeweichten Rosinen, Zimt, Safran und Zucker zu den Zwiebeln. Reduzieren Sie die Hitze und lassen Sie alles zusammen etwa 20 Minuten köcheln, bis eine dickliche, karamellisierte Mischung entsteht.

4 Schmecken Sie die Tfaya mit Salz ab und passen Sie die Süße nach Bedarf an.

5 Verteilen Sie den Couscous auf einer großen Servierplatte. Löffeln Sie die Tfaya-Mischung aus Zwiebeln und Rosinen über den Couscous.

6 Garnieren Sie das Gericht vor dem Servieren mit frischer Petersilie oder Koriander.

LENTILLES MQALLI |

GESCHMORTE LINSEN

4 Port. 1 Std. Einfach

Zutaten

250 g grüne Linsen, gewaschen und abgetropft
2 EL Olivenöl
1 große Zwiebel, fein gewürfelt
2 Knoblauchzehen, fein gehackt
400 g gehackte Tomaten aus der Dose
1 TL gemahlener Ingwer
1 TL Paprikapulver
½ TL gemahlener Kreuzkümmel
¼ TL Cayennepfeffer (optional für mehr Schärfe)
Salz und Pfeffer nach Geschmack
500 ml Wasser oder Gemüsebrühe

Nährwerte p. P.

240 kcal
35 g Kohlenhydrate
3 g Fett
18 g Eiweiß

1 Erhitzen Sie das Olivenöl in einem großen Topf bei mittlerer Hitze. Fügen Sie die Zwiebeln und den Knoblauch hinzu und dünsten Sie sie, bis sie weich und durchsichtig sind.

2 Geben Sie die Linsen in den Topf und rösten Sie sie kurz mit den Zwiebeln und dem Knoblauch an. Fügen Sie die gehackten Tomaten, Ingwer, Paprikapulver, Kreuzkümmel, Cayennepfeffer, Salz und Pfeffer hinzu.

3 Gießen Sie das Wasser oder die Gemüsebrühe über die Linsenmischung und rühren Sie um. Bringen Sie die Mischung zum Kochen, dann reduzieren Sie die Hitze, decken Sie den Topf ab und lassen Sie die Linsen etwa 30 bis 40 Minuten köcheln, bis sie weich sind und die Flüssigkeit größtenteils absorbiert wurde. Überprüfen Sie während des Kochens gelegentlich und fügen Sie bei Bedarf mehr Flüssigkeit hinzu.

4 Schmecken Sie die Linsen ab und passen Sie die Würze bei Bedarf an.

ZAALOUK BIL BATATA |

KARTOFFEL-ZAALOUK

4 Port. 45 Min. Einfach

Zutaten

500 g Kartoffeln, geschält und in kleine Würfel geschnitten
3 EL Olivenöl
2 Knoblauchzehen, fein gehackt
400 g gehackte Tomaten aus der Dose
1 TL Paprikapulver
½ TL gemahlener Kreuzkümmel
¼ TL Chiliflocken (optional für Schärfe)
Salz und Pfeffer nach Geschmack
Frische Petersilie oder Koriander zum Garnieren

Nährwerte p. P.

190 kcal
35 g Kohlenhydrate
5 g Fett
4 g Eiweiß

1 Kochen Sie die Kartoffelwürfel in einem Topf mit gesalzenem Wasser, bis sie gerade weich sind, etwa 10 bis 15 Minuten. Gießen Sie das Wasser ab und lassen Sie die Kartoffeln etwas abkühlen.

2 Erhitzen Sie in einer großen Pfanne das Olivenöl bei mittlerer Hitze. Fügen Sie den Knoblauch hinzu und dünsten Sie ihn kurz, bis er duftet, aber nicht braun wird.

3 Geben Sie die gekochten Kartoffelwürfel, die gehackten Tomaten, Paprikapulver, Kreuzkümmel, Chiliflocken (falls verwendet), Salz und Pfeffer in die Pfanne. Vermischen Sie alles gut.

4 Lassen Sie die Mischung bei niedriger Hitze etwa 20 Minuten köcheln, bis die Kartoffeln die Aromen aufgenommen haben und die Soße eingedickt ist. Rühren Sie gelegentlich, um ein Anbrennen zu vermeiden.

5 Schmecken Sie den Kartoffel-Zaalouk ab und passen Sie die Würze bei Bedarf an.

6 Servieren Sie den Zaalouk Bil Batata warm oder bei Raumtemperatur, garniert mit frischer Petersilie oder Koriander.

FUL MEDAMES |

GEWÜRZTE SAUBOHNEN

4 Port.

1 Std., 10 Min.

Einfach

Zutaten

500 g getrocknete Saubohnen, über Nacht eingeweicht, oder 2 Dosen vorgekochte Saubohnen, abgespült und abgetropft
4 Knoblauchzehen, fein gehackt
Saft von 2 Zitronen
4 EL Olivenöl
1 TL gemahlener Kreuzkümmel
Salz und Pfeffer nach Geschmack
Frische Petersilie zum Garnieren

Optional:
Gehackte Tomaten und gehackte grüne Chilis zum Garnieren

Nährwerte p. P.

250 kcal
45 g Kohlenhydrate
4 g Fett
15 g Eiweiß

1 Wenn Sie getrocknete Bohnen verwenden, spülen Sie die eingeweichten Bohnen ab und kochen Sie sie in frischem Wasser, bis sie weich sind, etwa 1 Stunde. Falls Sie Dosenbohnen verwenden, können Sie diesen Schritt überspringen.

2 Erhitzen Sie in einem großen Topf 2 EL Olivenöl bei mittlerer Hitze. Fügen Sie den Knoblauch hinzu und dünsten Sie ihn, bis er duftet, aber nicht braun wird.

3 Geben Sie die Saubohnen (entweder die gekochten oder die abgespülten Dosenbohnen) in den Topf. Fügen Sie den Kreuzkümmel hinzu und vermischen Sie alles gut. Kochen Sie die Bohnen bei niedriger Hitze, bis sie vollständig erwärmt sind.

4 Zerdrücken Sie die Bohnen leicht mit einem Kartoffelstampfer oder einer Gabel, lassen Sie aber einige Bohnen ganz für die Textur.

5 Vom Herd nehmen und den Zitronensaft, das restliche Olivenöl, Salz und Pfeffer untermischen.

6 Servieren Sie Ful Medames warm, garniert mit frischer Petersilie und optional mit gehackten Tomaten und grünen Chilis.

Fingerfood & Snacks

BRIOUATES BIL KEFTA |

TEIGTASCHEN MIT HACKFLEISCHFÜLLUNG

4 - 6 Port. | 1 Std. | Mittel

Zutaten

250 g Rinder- oder Lammhackfleisch
1 Paket Filoteig oder Warka-Blätter
1 mittelgroße Zwiebel, fein gehackt
2 Knoblauchzehen, fein gehackt
1 Bund frischer Koriander, fein gehackt
1 Bund frische Petersilie, fein gehackt
1 TL Paprikapulver
½ TL gemahlener Kreuzkümmel
¼ TL Cayennepfeffer (optional)
Salz und Pfeffer nach Geschmack
2 EL Olivenöl
1 Ei, verquirlt, zum Versiegeln der Teigtaschen
Pflanzenöl zum Frittieren

Nährwerte p. P.

320 kcal
20 g Kohlenhydrate
18 g Fett
15 g Eiweiß

1 Erhitzen Sie in einer Pfanne 2 EL Olivenöl bei mittlerer Hitze. Fügen Sie die Zwiebel und den Knoblauch hinzu und dünsten Sie sie, bis sie weich sind.

2 Geben Sie das Hackfleisch in die Pfanne und braten Sie es, bis es vollständig gekocht ist. Fügen Sie Koriander, Petersilie, Paprikapulver, Kreuzkümmel, Cayennepfeffer, Salz und Pfeffer hinzu. Gut umrühren und vom Herd nehmen. Lassen Sie die Füllung abkühlen.

3 Schneiden Sie die Filoteigblätter in Streifen (etwa 5 cm breit). Platzieren Sie 1 EL der Fleischfüllung am Ende eines jeden Streifens.

4 Falten Sie den Teig über die Füllung, um ein Dreieck zu bilden. Weiter falten, ähnlich wie beim Falten einer Flagge, bis zum Ende des Streifens. Verwenden Sie das verquirlte Ei, um das Ende zu versiegeln.

5 Erhitzen Sie Pflanzenöl in einer tiefen Pfanne oder einem Topf bei mittlerer Hitze. Frittieren Sie die Briouates in Chargen, bis sie goldbraun und knusprig sind, etwa 3 bis 4 Minuten pro Seite.

6 Legen Sie die fertigen Briouates auf Küchenpapier, um überschüssiges Öl zu entfernen.

MAAKOUDA BATATA |

KARTOFFELPLÄTZCHEN

4 Port.

1 Tag

Einfach

Zutaten

500 g Kartoffeln, geschält und gewürfelt
2 EL Olivenöl
2 Knoblauchzehen, fein gehackt
1 TL gemahlener Kreuzkümmel
½ TL Paprikapulver
Salz und Pfeffer nach Geschmack
2 Eier, geschlagen
100 g Semmelbrösel
Pflanzenöl zum Frittieren

Nährwerte p. P.

260 kcal
35 g Kohlenhydrate
10 g Fett
5 g Eiweiß

1 Kochen Sie die Kartoffeln in einem Topf mit gesalzenem Wasser, bis sie weich sind, etwa 15 bis 20 Minuten. Gießen Sie das Wasser ab und zerstampfen Sie die Kartoffeln zu einem glatten Püree.

2 Mischen Sie das Kartoffelpüree mit Olivenöl, Knoblauch, Kreuzkümmel, Paprikapulver, Salz und Pfeffer. Lassen Sie die Masse abkühlen, bis sie handhabbar ist.

3 Formen Sie aus der Kartoffelmasse kleine Plätzchen. Tauchen Sie jedes Plätzchen zuerst in die geschlagenen Eier und dann in die Semmelbrösel, sodass sie gleichmäßig paniert sind.

4 Erhitzen Sie Pflanzenöl in einer tiefen Pfanne oder einem Frittiergerät bei mittlerer Hitze. Frittieren Sie die Kartoffelplätzchen in Chargen, bis sie auf beiden Seiten goldbraun und knusprig sind, etwa 3 bis 4 Minuten pro Seite.

5 Legen Sie die fertigen Maakouda Batata auf Küchenpapier, um überschüssiges Öl zu entfernen.

SFENJ | MAROKKANISCHE DONUTS

4 - 6 Port.

2 Std. (inkl. Gehzeit)

Mittel

Zutaten

500 g Weizenmehl
1 TL Trockenhefe
1 TL Zucker
½ TL Salz
300 ml lauwarmes Wasser
Pflanzenöl zum Frittieren
Zusätzlicher Zucker zum Bestreuen (optional)

Nährwerte p. P.

200 kcal
30 g Kohlenhydrate
10 g Fett
4 g Eiweiß

1 Vermischen Sie in einer großen Schüssel das Mehl mit der Trockenhefe, dem Zucker und dem Salz.

2 Fügen Sie langsam das lauwarme Wasser hinzu, während Sie stetig rühren, bis ein klebriger Teig entsteht. Kneten Sie den Teig in der Schüssel für etwa 10 Minuten, bis er glatt und elastisch ist. Der Teig wird anfangs sehr klebrig sein, sollte aber mit der Zeit geschmeidiger werden.

3 Bedecken Sie die Schüssel mit einem feuchten Tuch und lassen Sie den Teig an einem warmen Ort etwa 1 bis 1,5 Stunden gehen, bis er sich in der Größe verdoppelt hat.

4 Erhitzen Sie das Pflanzenöl in einem tiefen Topf oder einer Fritteuse bei mittlerer Hitze. Befeuchten Sie Ihre Hände mit etwas Wasser und nehmen Sie eine kleine Menge Teig. Formen Sie ein Loch in der Mitte und ziehen Sie den Teig sanft auseinander, um einen Donut zu formen. Der Teig sollte luftig und nicht zu dicht sein.

5 Legen Sie den Sfenj vorsichtig in das heiße Öl und frittieren Sie ihn von beiden Seiten goldbraun und knusprig, etwa 2 bis 3 Minuten pro Seite.

6 Nehmen Sie den Sfenj mit einem Schaumlöffel aus dem Öl und lassen Sie ihn auf Küchenpapier abtropfen, um überschüssiges Öl zu entfernen. Wälzen Sie die warmen Sfenj nach Wunsch in Zucker oder servieren Sie sie pur.

BATBOUT MHAMER |

GEFÜLLTES FLADENBROT

4 -6 Port.

1 Std., 30 Min.

Mittel

Zutaten

Für den Teig:

500 g Weizenmehl
200 ml lauwarmes Wasser
1 TL Trockenhefe
1 TL Zucker
½ TL Salz
2 EL Olivenöl

Für die Füllung:

250 g Rinderhackfleisch oder Lammhackfleisch
1 große Zwiebel, fein gewürfelt
2 Knoblauchzehen, fein gehackt
1 Bund frischer Koriander, fein gehackt
1 Bund frische Petersilie, fein gehackt
1 TL Paprikapulver
½ TL gemahlener Kreuzkümmel
Salz und Pfeffer nach Geschmack
Olivenöl zum Braten

Nährwerte p. P.

300 kcal
35 g Kohlenhydrate
10 g Fett
15 g Eiweiß

1 Lösen Sie in einer kleinen Schüssel die Trockenhefe und den Zucker im lauwarmen Wasser auf. Lassen Sie es 5 bis 10 Minuten stehen, bis es schaumig wird.

2 In einer großen Schüssel das Mehl mit dem Salz vermischen. Machen Sie eine Mulde in der Mitte und gießen Sie die Hefe-Wasser-Mischung sowie das Olivenöl hinein. Vermengen Sie alles zu einem geschmeidigen Teig. Kneten Sie den Teig auf einer leicht bemehlten Arbeitsfläche etwa 10 Minuten lang. Der Teig sollte weich und elastisch sein. Bedecken Sie den Teig mit einem feuchten Tuch und lassen Sie ihn an einem warmen Ort 1 Stunde gehen, bis er sich verdoppelt hat.

3 Während der Teig geht, bereiten Sie die Füllung vor. Erhitzen Sie etwas Olivenöl in einer Pfanne und dünsten Sie Zwiebeln und Knoblauch, bis sie weich sind. Fügen Sie das Hackfleisch, Koriander, Petersilie, Paprikapulver, Kreuzkümmel, Salz und Pfeffer hinzu. Braten Sie alles, bis das Fleisch durchgegart ist. Lassen Sie die Füllung abkühlen.

4 Kneten Sie den Teig nach der Gehzeit kurz durch und teilen Sie ihn in gleich große Portionen. Rollen Sie jede Portion zu einer Kugel und dann zu einem flachen Kreis aus. Verteilen Sie etwas von der Fleischfüllung auf der Mitte jedes Teigkreises. Klappen Sie den Teig über der Füllung zusammen und drücken Sie die Ränder fest, um sie zu verschließen. Flach drücken, um ein gefülltes Fladenbrot zu formen.

5 Erhitzen Sie eine gusseiserne Pfanne oder eine schwere Pfanne bei mittlerer Hitze. Backen Sie die Batbout von jeder Seite 3 bis 4 Minuten, bis sie aufgebläht und goldbraun sind.

Desserts

CHEBAKIA |

MAROKKANISCHE SESAM-HONIG-KEKSE

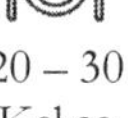

20 – 30 Kekse

2 Std.

Fortgeschritten

Zutaten

500 g Mehl
100 g gemahlene Mandeln
1 TL gemahlener Anis
1 TL gemahlener Zimt
¼ TL Safranfäden
1 TL Backpulver
100 g Sesamsamen, geröstet
100 ml Orangenblütenwasser
2 EL Essig
100 ml Olivenöl
100 ml geschmolzene Butter
1 Ei
Pflanzenöl zum Frittieren
500 g Honig
Zusätzliche Sesamsamen zum Bestreuen

Nährwerte p. P.

180 kcal
25 g Kohlenhydrate
8 g Fett
3 g Eiweiß

1 Mischen Sie in einer großen Schüssel Mehl, gemahlene Mandeln, gemahlenen Anis, gemahlenen Zimt, Safranfäden, Backpulver und geröstete Sesamsamen.

2 Fügen Sie Orangenblütenwasser, Essig, Olivenöl und geschmolzene Butter hinzu. Vermengen Sie alles gut. Rühren Sie 1 Ei unter und kneten Sie alles zu einem geschmeidigen Teig. Bei Bedarf mehr Orangenblütenwasser hinzufügen.Decken Sie den Teig ab und lassen Sie ihn 30 Minuten ruhen.

3 Rollen Sie den Teig auf einer leicht bemehlten Fläche etwa 2 mm dick aus. Schneiden Sie mit einem gezackten Teigrädchen Blumenformen oder Quadrate aus. Falten Sie jeden Teigling einmal in der Mitte und ziehen Sie ihn vorsichtig auseinander, um die Chebakia-Form zu erstellen.

4 Erhitzen Sie Pflanzenöl in einem tiefen Topf. Frittieren Sie die Teigstücke in Chargen, bis sie goldbraun sind.

5 Erwärmen Sie den Honig in einem separaten Topf. Tauchen Sie die frittierten Chebakia sofort in den warmen Honig, sodass sie vollständig bedeckt sind. Heben Sie sie heraus und lassen Sie sie auf einem Gitter abtropfen.

6 Bestreuen Sie die noch warmen Chebakia mit zusätzlichen Sesamsamen.

SELLOU |

MAROKKANISCHES MANDEL- UND SESAMPULVER

6 -8 Port. | 1 Std., 30 Min. | Mittel

Zutaten

300 g ganze Mandeln
200 g Sesamsamen
100 g feines Weizenmehl
150 g ungesalzene Butter
100 g Puderzucker
2 TL gemahlener Zimt
1 TL gemahlener Anis
½ TL gemahlener Ingwer
¼ TL Salz

Optional:
Honig zum Süßen

Nährwerte p. P.

300 kcal
20 g Kohlenhydrate
22 g Fett
8 g Eiweiß

1 Heizen Sie den Backofen auf 180 °C (Ober-/Unterhitze) vor. Verteilen Sie die Mandeln auf einem Backblech und rösten Sie sie im Ofen etwa 10 bis 15 Minuten, bis sie goldbraun sind. Lassen Sie die Mandeln abkühlen.

2 Rösten Sie die Sesamsamen in einer trockenen Pfanne bei mittlerer Hitze, bis sie goldbraun und duftend sind. Achten Sie darauf, dass sie nicht verbrennen. Nehmen Sie sie aus der Pfanne und lassen Sie sie abkühlen.

3 In derselben Pfanne das Weizenmehl bei mittlerer Hitze rösten, bis es leicht goldbraun ist. Ständig rühren, um ein gleichmäßiges Rösten zu gewährleisten. Lassen Sie das Mehl abkühlen. Geben Sie die gerösteten Mandeln in eine Küchenmaschine und pulsieren Sie sie, bis sie grob gemahlen sind. Übertragen Sie sie in eine große Schüssel.

4 Mahlen Sie die Sesamsamen in der Küchenmaschine zu einem feinen Pulver und fügen Sie sie zu den Mandeln hinzu. Mischen Sie das geröstete Mehl, Puderzucker, Zimt, Anis, Ingwer und Salz mit den Mandeln und Sesam in der Schüssel.

5 Schmelzen Sie die Butter in einem kleinen Topf und gießen Sie sie über die trockenen Zutaten. Vermengen Sie alles gut, bis eine homogene Masse entsteht. Wenn die Mischung zu trocken ist, können Sie bei Bedarf etwas Honig hinzufügen, um die gewünschte Konsistenz zu erreichen. Lassen Sie die Sellou-Mischung vollständig abkühlen. Formen Sie das Pulver bei Bedarf zu kleinen Bällchen oder servieren Sie es einfach in einer Schale.

BRIOUAT BIL LOUZ | MANDELTEIGTASCHEN

20 – 30 Stk.

1 Std., 30 Min.

Fortgeschritten

Zutaten

500 g gemahlene Mandeln
200 g Puderzucker
2 TL Zimt
4 EL Orangenblütenwasser
1 Eiweiß
500 g Filoteig
Pflanzenöl zum Frittieren
300 g Honig
Sesamsamen zum Bestreuen (optional)

Nährwerte p. P.

220 kcal
20 g Kohlenhydrate
14 g Fett
4 g Eiweiß

1 In einer großen Schüssel die gemahlenen Mandeln, Puderzucker, Zimt und Orangenblütenwasser vermischen. Fügen Sie das Eiweiß hinzu und vermengen Sie alles zu einer festen Paste.

2 Schneiden Sie den Filoteig in Streifen (ca. 5 cm breit). Platzieren Sie einen kleinen Löffel der Mandelpaste am unteren Ende eines Streifens.

3 Falten Sie den Teig über die Füllung, um ein Dreieck zu formen, und falten Sie weiter bis zum Ende des Streifens. Verwenden Sie etwas Wasser, um das Ende zu versiegeln.

4 Erhitzen Sie das Pflanzenöl in einem tiefen Topf oder einer Fritteuse. Frittieren Sie die Briouats in Chargen, bis sie goldbraun und knusprig sind, etwa 2 bis 3 Minuten pro Seite.

5 Erwärmen Sie in einem separaten Topf den Honig und tauchen Sie die frittierten Briouats sofort nach dem Frittieren in den Honig, sodass sie vollständig bedeckt sind.

6 Nehmen Sie die Briouats aus dem Honig und lassen Sie sie auf einem Gitter abtropfen. Bestreuen Sie sie optional mit Sesamsamen.

GHRIBA |
MAROKKANISCHE KEKSE

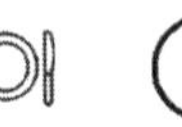

20 – 25 Kekse | 45 Min. | Einfach

Zutaten

300 g gemahlene Mandeln oder Walnüsse
150 g Puderzucker, plus etwas mehr zum Bestäuben
1 TL Backpulver
¼ TL Salz
2 Eiweiße
1 TL Vanilleextrakt
Zitronen- oder Orangenschale (optional)

Nährwerte p. P.

180 kcal
20 g Kohlenhydrate
10 g Fett
4 g Eiweiß

1 Heizen Sie den Backofen auf 180 °C (Ober-/Unterhitze) vor. Legen Sie ein Backblech mit Backpapier aus. In einer großen Schüssel vermischen Sie die gemahlenen Mandeln oder Walnüsse, Puderzucker, Backpulver und Salz.

2 In einer separaten Schüssel schlagen Sie die Eiweiße steif. Fügen Sie den Vanilleextrakt und bei Wunsch etwas Zitronen- oder Orangenschale hinzu.

3 Heben Sie die Eiweißmischung vorsichtig unter die trockenen Zutaten, bis ein klebriger Teig entsteht.

4 Formen Sie mit leicht angefeuchteten Händen kleine Kugeln aus dem Teig. Rollen Sie jede Kugel in Puderzucker, bis sie vollständig bedeckt ist.

5 Platzieren Sie die Teigkugeln auf dem vorbereiteten Backblech, lassen Sie zwischen den Keksen ausreichend Platz, da sie beim Backen aufgehen.Backen Sie die Kekse 10 bis 12 Minuten, bis sie gerade fest werden und an der Oberfläche rissig aussehen.

6 Nehmen Sie die Kekse aus dem Ofen und lassen Sie sie auf dem Backblech einige Minuten abkühlen, bevor Sie sie auf ein Kuchengitter legen, um vollständig auszukühlen.

7 Bestäuben Sie die Ghriba vor dem Servieren nochmals leicht mit Puderzucker.

HALWA CHEBAKIA |

SESAM-HONIG-KUCHEN

8 – 10 Port.

1 Std., 20 Min.

Mittel

Zutaten

250 g Sesamsamen, geröstet
200 g Honig
100 g Mandeln, geröstet und gemahlen
50 g Mehl
100 g Butter, geschmolzen
1 TL gemahlener Anis
1 TL gemahlener Zimt
¼ TL Safranfäden, in warmem Wasser aufgelöst
1 TL Backpulver
2 EL Orangenblütenwasser
Puderzucker zum Bestäuben

Nährwerte p. P.

300 kcal
40 g Kohlenhydrate
16 g Fett
6 g Eiweiß

1 Heizen Sie den Backofen auf 180 °C (Ober-/Unterhitze) vor. Legen Sie ein Backblech mit Backpapier aus.

2 Vermengen Sie in einer großen Schüssel die gerösteten Sesamsamen, gemahlenen Mandeln, Mehl, geschmolzene Butter, Anis, Zimt, Safran, Backpulver und Orangenblütenwasser zu einem homogenen Teig.

3 Rollen Sie den Teig auf einer leicht bemehlten Arbeitsfläche aus, bis er etwa 1 cm dick ist. Schneiden Sie den Teig in dekorative Formen oder Quadrate.

4 Platzieren Sie die ausgeschnittenen Teigstücke auf dem vorbereiteten Backblech und backen Sie sie im vorgeheizten Ofen für 10 bis 15 Minuten oder bis sie fest und leicht golden sind.

5 Während die Kuchen backen, erwärmen Sie den Honig in einem kleinen Topf bei niedriger Hitze, bis er flüssig wird.

6 Nehmen Sie die Kuchen aus dem Ofen und tauchen Sie jedes Stück sofort in den warmen Honig. Stellen Sie sicher, dass alle Seiten gut mit Honig bedeckt sind.

7 Legen Sie die honiggetränkten Kuchen auf ein Kuchengitter und lassen Sie sie abkühlen.

8 Bestäuben Sie die Halwa Chebakia vor dem Servieren mit Puderzucker.

KAAB EL GHAZAL |

GAZELLENHÖRNCHEN

20 – 25 Stk. | 2 Std. | Mittel

Zutaten

Für die Füllung:

300 g gemahlene Mandeln
150 g Puderzucker
2 EL Orangenblütenwasser
1 TL Zimt
1 Eiweiß

Für den Teig:

250 g Mehl
50 g geschmolzene Butter
50 ml Orangenblütenwasser
1 Prise Salz
Wasser nach Bedarf
Zusätzlich:
Puderzucker zum Bestäuben

Nährwerte p. P.

200 kcal
18 g Kohlenhydrate
12 g Fett
4 g Eiweiß

1 Bereiten Sie die Füllung vor, indem Sie in einer Schüssel die gemahlenen Mandeln, Puderzucker, Orangenblütenwasser, Zimt und Eiweiß zu einer geschmeidigen Paste vermischen. Stellen Sie die Füllung beiseite.

2 Für den Teig vermischen Sie in einer anderen Schüssel das Mehl mit der geschmolzenen Butter, 1 Prise Salz und Orangenblütenwasser. Fügen Sie nach und nach Wasser hinzu, bis ein weicher, elastischer Teig entsteht. Kneten Sie den Teig gründlich durch und lassen Sie ihn dann für 30 Minuten ruhen.

3 Heizen Sie den Backofen auf 180 °C (Ober-/Unterhitze) vor.

4 Rollen Sie den Teig auf einer leicht bemehlten Oberfläche dünn aus. Schneiden Sie den Teig in Streifen und platzieren Sie eine kleine Menge der Füllung am Rand jedes Streifens.

5 Rollen Sie den Teig um die Füllung und formen Sie ihn zu kleinen, halbmondförmigen Gebäckstücken. Achten Sie darauf, die Enden fest zu verschließen.

6 Legen Sie die Gazellenhörnchen auf ein mit Backpapier ausgelegtes Backblech und backen Sie sie im vorgeheizten Ofen für 15 bis 20 Minuten oder bis sie leicht goldbraun sind. Nehmen Sie das Gebäck aus dem Ofen und lassen Sie es vollständig abkühlen.

7 Bestäuben Sie die Gazellenhörnchen vor dem Servieren reichlich mit Puderzucker.

Getränke

ATAY B'NAHNA |

MAROKKANISCHER MINZTEE

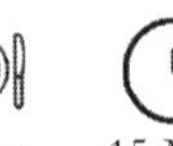

4 Port. 15 Min. Einfach

Zutaten

1 EL grüner Tee (z. B. Chun Mee oder Sencha)
1 Bund frische Minze
80 g Zucker (oder nach Geschmack)
1 Liter kochendes Wasser

Nährwerte p. P.

70 kcal
18 g Kohlenhydrate
0 g Fett
0 g Eiweiß

1 Eine Teekanne mit kochendem Wasser ausspülen, um sie vorzuwärmen.

2 Den grünen Tee in die Teekanne geben.

3 Etwas kochendes Wasser hinzufügen, um den Tee zu bedecken, kurz umrühren und dann das Wasser abgießen. Dieser Vorgang nennt sich „Spülen" und dient dazu, eventuelle Bitterstoffe zu entfernen und das Aroma des Tees zu öffnen.

4 Frische Minze und Zucker in die Kanne geben. Mit dem restlichen kochenden Wasser aufgießen.

5 Den Tee 3 bis 5 Minuten ziehen lassen, abhängig von der gewünschten Stärke. Umrühren, um den Zucker aufzulösen.

6 Den Tee heiß servieren, indem Sie ihn aus einer gewissen Höhe in Gläser gießen, um eine leichte Schaumbildung zu erzeugen.

SHARBAT BIL LOZ |
MANDELMILCH

4 Port.

15 Min. + Kühlzeit

Einfach

Zutaten

500 ml Mandelmilch
2 - 3 EL Zucker (oder nach Geschmack)
1 TL Orangenblütenwasser
1 Prise Zimt (optional)
Eiswürfel zum Servieren

Nährwerte p. P.

120 kcal
14 g Kohlenhydrate
7 g Fett
2 g Eiweiß

1 Gießen Sie die Mandelmilch in einen großen Krug.

2 Fügen Sie den Zucker, das Orangenblütenwasser und bei Bedarf 1 Prise Zimt hinzu.

3 Rühren Sie die Mischung gründlich um, bis sich der Zucker vollständig aufgelöst hat.

4 Stellen Sie die Mandelmilch für mindestens 1 Stunde in den Kühlschrank, damit sie gut durchkühlt.

5 Servieren Sie die gekühlte Mandelmilch über Eiswürfeln in hohen Gläsern.

QAHWA ARBIYA |

ARABISCHER KAFFEE

4 Port. 20 Min. Einfach

Zutaten

4 EL fein gemahlener Kaffee (arabische oder türkische Röstung bevorzugt)
1 Liter Wasser
1 TL gemahlener Kardamom (oder nach Geschmack)
Optional: 1 Prise Safran für zusätzliches Aroma

Nährwerte p. P.

5 kcal
1 g Kohlenhydrate
0 g Fett
0 g Eiweiß

1 Bringen Sie das Wasser in einem Kaffeekessel oder einem kleinen Topf zum Kochen.

2 Reduzieren Sie die Hitze und fügen Sie den gemahlenen Kaffee und den gemahlenen Kardamom hinzu. Wenn Sie möchten, können Sie auch 1 Prise Safran für ein zusätzliches Aroma hinzufügen.

3 Lassen Sie den Kaffee bei niedriger Hitze 10 bis 15 Minuten langsam köcheln. Achten Sie darauf, dass er nicht überkocht, um ein Überlaufen zu vermeiden.

4 Nehmen Sie den Kaffee vom Herd und lassen Sie ihn kurz stehen, damit sich der Kaffeesatz am Boden absetzt.

5 Gießen Sie den Kaffee vorsichtig in kleine Tassen, um den Satz am Boden des Kessels zu lassen.

LBEN |

MAROKKANISCHE BUTTERMILCH

4 Port.

10 Min. + Kühlzeit

Einfach

Zutaten

1 Liter Buttermilch
½ TL Salz (optional)
Frische Minze zum Garnieren (optional)

Nährwerte p. P.

ca. 98 kcal
12 g Kohlenhydrate
2 g Fett
8 g Eiweiß

1 Gießen Sie die Buttermilch in eine große Schüssel.

2 Fügen Sie bei Bedarf Salz hinzu und verrühren Sie es gründlich, um es vollständig in der Buttermilch aufzulösen.

3 Kühlen Sie die Buttermilch-Mischung im Kühlschrank, bis sie gut gekühlt ist, idealerweise für mindestens 1 Stunde.

4 Servieren Sie die gekühlte Buttermilch in Gläsern, garniert mit frischer Minze, wenn gewünscht.

Hinweis: Dieses einfache Rezept ist eine Hommage an den traditionellen Lben und bietet eine erfrischende und leicht säuerliche Ergänzung zu jeder Mahlzeit. Während echter Lben durch die Fermentation einzigartige probiotische Eigenschaften hat, ist diese hausgemachte Version eine zugängliche Alternative, die den erfrischenden Geschmack nachahmt.

JUS D'AVOCAT |

AVOCADO-SMOOTHIE

2 Port. 10 Min. Einfach

Zutaten

1 reife Avocado
250 ml Milch (für eine vegane Option kann pflanzliche Milch verwendet werden)
2 EL Zucker oder Honig (nach Geschmack anpassen)
100 ml Orangensaft (optional)
Eiswürfel (nach Bedarf)

Nährwerte p. P.

300 kcal
30 g Kohlenhydrate
20 g Fett
4 g Eiweiß

1 Halbieren Sie die Avocado, entfernen Sie den Kern und löffeln Sie das Fruchtfleisch in einen Mixer.

2 Fügen Sie Milch, Zucker oder Honig und Orangensaft hinzu, falls verwendet.

3 Geben Sie nach Bedarf Eiswürfel hinzu, um Ihren Smoothie kühler und erfrischender zu machen.

4 Mixen Sie alles auf hoher Stufe, bis der Smoothie cremig und glatt ist.

5 Schmecken Sie den Smoothie ab und fügen Sie bei Bedarf mehr Zucker oder Honig hinzu.

Soßen, Cremes & Dips

CHERMOULA | MAROKKANISCHE KRÄUTER-WÜRZPASTE

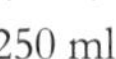

250 ml 15 Min. Einfach

Zutaten

1 Bund frischer Koriander, grob gehackt
1 Bund frische Petersilie, grob gehackt
3 - 4 Knoblauchzehen, geschält
1 TL Paprikapulver
½ TL Kreuzkümmel, gemahlen
¼ TL Chiliflocken (nach Geschmack anpassen)
Saft von ½ Zitrone
Ca. 100 ml Olivenöl
Salz und Pfeffer nach Geschmack

Nährwerte p. P.

150 kcal
4 g Kohlenhydrate
14 g Fett
2 g Eiweiß

1 Geben Sie den Koriander, die Petersilie und die Knoblauchzehen in einen Mixer oder eine Küchenmaschine.

2 Fügen Sie Paprikapulver, Kreuzkümmel, Chiliflocken und Zitronensaft hinzu.

3 Beginnen Sie mit dem Mixen und gießen Sie langsam das Olivenöl dazu, bis eine geschmeidige, aber noch leicht stückige Paste entsteht.

4 Schmecken Sie die Chermoula mit Salz und Pfeffer ab.

AMLOU |

MANDEL-HONIG-DIP

250 ml

20 Min.

Einfach

Zutaten

200 g geschälte Mandeln
100 ml Arganöl
75 g Honig (oder nach Geschmack)
1 Prise Salz

Nährwerte p. P.

ca. 200 kcal
16 g Kohlenhydrate
14 g Fett
4 g Eiweiß

1 Rösten Sie die Mandeln in einer trockenen Pfanne auf mittlerer Hitze, bis sie goldbraun sind. Achten Sie darauf, sie regelmäßig zu wenden, um ein gleichmäßiges Rösten zu gewährleisten.

2 Lassen Sie die gerösteten Mandeln abkühlen und geben Sie sie dann in einen Mixer oder eine Küchenmaschine.

3 Mahlen Sie die Mandeln, bis eine feine Paste entsteht. Je nach gewünschter Konsistenz können Sie entscheiden, die Mandeln feiner oder grober zu mahlen.

4 Fügen Sie das Arganöl und den Honig hinzu. Mixen Sie weiter, bis alle Zutaten gut vermengt sind und eine homogene Masse entsteht. Wenn nötig, passen Sie die Menge des Honigs an Ihren Geschmack an.

5 Verfeinern Sie die Mischung mit 1 Prise Salz.

6 Übertragen Sie den Amlou in ein sauberes Glas und verschließen Sie es fest. Im Kühlschrank aufbewahrt, hält sich Amlou mehrere Wochen.

RAÏB |

MAROKKANISCHE JOGHURTSOẞE

4 Port.

10 Min.

Einfach

Zutaten

500 g Naturjoghurt
2 Knoblauchzehen, fein gehackt
2 EL frische Minze, fein gehackt
Salz und Pfeffer nach Geschmack
1 Spritzer Zitronensaft (optional)

Nährwerte p. P.

ca. 70 kcal
6 g Kohlenhydrate
3 g Fett
4 g Eiweiß

1 Geben Sie den Naturjoghurt in eine mittelgroße Schüssel.

2 Fügen Sie den fein gehackten Knoblauch und die fein gehackte Minze hinzu.

3 Würzen Sie die Mischung mit Salz und Pfeffer. 1 Spritzer Zitronensaft kann für eine zusätzliche Frische sorgen.

4 Vermengen Sie alle Zutaten gründlich, bis eine gleichmäßige Soße entsteht.

5 Schmecken Sie die Soße ab und passen Sie die Würzung bei Bedarf an.

6 Stellen Sie die Joghurtsoße vor dem Servieren für etwa 30 Minuten in den Kühlschrank, damit sich die Aromen voll entfalten können.

Gewürzmischungen

BAHARAT |

ARABISCHE GEWÜRZMISCHUNG

 Ca. 50 g

 15 Min.

 Einfach

Zutaten

2 TL Schwarzkümmel
2 TL Koriandersamen
1 TL Pfefferkörner
1 TL Kreuzkümmelsamen
1 Zimtstange
½ TL Nelken
½ TL Kardamomsamen
½ TL Muskatnuss, frisch gerieben

1 Erhitzen Sie eine kleine Pfanne bei mittlerer Hitze. Geben Sie Schwarzkümmel, Koriandersamen, Pfefferkörner, Kreuzkümmelsamen, die Zimtstange, Nelken und Kardamomsamen in die Pfanne. Rösten Sie die Gewürze unter ständigem Rühren für etwa 2 bis 3 Minuten oder bis sie anfangen, duftend zu werden. Achten Sie darauf, dass sie nicht verbrennen.

2 Nehmen Sie die Pfanne vom Herd und lassen Sie die Gewürze etwas abkühlen. Entfernen Sie die Zimtstange und brechen Sie sie in kleinere Stücke.

3 Geben Sie die gerösteten Gewürze zusammen mit den Zimtstücken in eine Gewürzmühle oder einen Mörser. Mahlen Sie alles zu einem feinen Pulver.

4 Mischen Sie die frisch geriebene Muskatnuss unter das gemahlene Gewürzpulver.

5 Füllen Sie die fertige Baharat-Gewürzmischung in ein luftdichtes Gefäß um. Bewahren Sie es an einem kühlen, trockenen Ort auf, um die Aromen zu bewahren.

ZA'ATAR |

NAHÖSTLICHE GEWÜRZMISCHUNG

Ca 100 g

10 Min.

Einfach

Zutaten

3 EL getrockneter Thymian
3 EL getrockneter Oregano
3 EL getrockneter Majoran
2 EL Sesamsamen, leicht geröstet
2 EL Sumach
1 TL grobes Meersalz

Nährwerte p. P.

276 kcal
32 g Kohlenhydrate
12 g Fett
7 g Eiweiß

1 In einer mittelgroßen Schüssel getrockneten Thymian, Oregano und Majoran vermischen. Um die Aromen besser freizusetzen, kann es hilfreich sein, die Kräuter vorab ein wenig zwischen Ihren Fingern zu zerreiben.

2 Die leicht gerösteten Sesamsamen hinzufügen. Um die Sesamsamen zu rösten, geben Sie diese in eine trockene Pfanne bei mittlerer Hitze. Rühren Sie sie kontinuierlich, bis sie eine goldbraune Farbe annehmen. Achten Sie darauf, dass sie nicht verbrennen.

3 Sumach und grobes Meersalz der Kräuter-Sesam-Mischung beifügen und alles gründlich durchmischen. Der Sumach verleiht der Mischung eine leicht säuerliche Note und eine charakteristische rötliche Farbe.

4 Die fertige Za'atar-Mischung in ein luftdichtes Gefäß umfüllen und an einem kühlen, trockenen Ort aufbewahren, um die Frische und die intensiven Aromen zu erhalten.

MAROKKANISCHE GEWÜRZMISCHUNG

  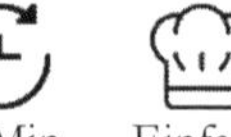 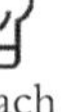

Ca. 50 g 15 Min. Einfach

Zutaten

2 TL Ingwerpulver
2 TL gemahlener schwarzer Pfeffer
2 TL Kurkumapulver
1 TL Zimtpulver
1 TL gemahlene Muskatnuss

Nährwerte p. P.

50 kcal
7 g Kohlenhydrate
2 g Fett
2 g Eiweiß

1 Vermischen Sie die Gewürze in einer mittelgroßen Schüssel gründlich, um eine homogene Gewürzmischung zu erhalten.

2 Übertragen Sie die fertige La-Kama-Gewürzmischung in ein luftdichtes Gefäß.

3 Bewahren Sie die Mischung an einem kühlen, trockenen Ort auf, um die Frische und das Aroma der Gewürze zu erhalten.

TABIL |

NAHÖSTLICHE GEWÜRZMISCHUNG

Ca. 50 g

15 Min.

Einfach

Zutaten

2 TL getrockneter Koriander
2 TL Kreuzkümmel
1 TL Knoblauchpulver
½ TL Cayennepfeffer

Nährwerte p. P.

40 kcal
7 g Kohlenhydrate
1 g Fett
2 g Eiweiß

1 Wenn Sie ganze Samen verwenden, erhitzen Sie eine kleine Pfanne bei mittlerer Hitze und rösten Sie den Koriander und Kreuzkümmel leicht an, bis sie duftend sind. Dies sollte etwa 2 bis 3 Minuten dauern. Achten Sie darauf, dass die Gewürze nicht verbrennen.

2 Lassen Sie die gerösteten Gewürze etwas abkühlen und mahlen Sie sie dann in einer Gewürzmühle oder mit einem Mörser zu einem feinen Pulver.

3 Mischen Sie das gemahlene Gewürzpulver mit dem Knoblauchpulver und dem Cayennepfeffer in einer Schüssel.

4 Füllen Sie die fertige Tabil-Gewürzmischung in ein luftdichtes Gefäß um und bewahren Sie es an einem kühlen, trockenen Ort auf, um die Aromen zu bewahren.

Bonus: Tajine-Rezepte

TAJINE DJAJ BIL LIMUN WAL ZAYTOUN |

HÄHNCHEN-TAJINE MIT ZITRONE UND OLIVEN

4 Port.

1 Std., 30 Min.

Mittel

Zutaten

4 Hähnchenschenkel
2 eingelegte Zitronen, in Streifen geschnitten
1 Tasse grüne Oliven, entsteint
2 große Zwiebeln, fein gehackt
4 Knoblauchzehen, fein gehackt
2 TL Ingwerpulver
1 TL Safranfäden, aufgelöst in 3 EL warmem Wasser
½ TL Kurkuma
½ TL Paprikapulver
4 EL Olivenöl
Salz und Pfeffer nach Geschmack
Frischer Koriander zum Garnieren
500 ml Wasser

Nährwerte p. P.

350 kcal
20 g Kohlenhydrate
20 g Fett
30 g Eiweiß

1 Erhitzen Sie das Olivenöl in einer Tajine oder einem schweren Topf bei mittlerer Hitze. Braten Sie die Hähnchenschenkel von beiden Seiten an, bis sie goldbraun sind.

2 Nehmen Sie das Hähnchen aus der Tajine und stellen Sie es beiseite. Fügen Sie in derselben Tajine Zwiebeln und Knoblauch hinzu. Dünsten Sie sie, bis sie weich sind.

3 Geben Sie Ingwerpulver, Kurkuma, Paprikapulver, Safranwasser, Salz und Pfeffer hinzu. Rühren Sie um, um die Gewürze gleichmäßig zu verteilen.

4 Legen Sie die Hähnchenschenkel zurück in die Tajine. Fügen Sie die eingelegten Zitronen und Oliven hinzu. Gießen Sie Wasser darüber, sodass das Hähnchen fast bedeckt ist.

5 Decken Sie die Tajine ab und lassen Sie das Gericht bei niedriger Hitze für etwa 1 Stunde köcheln, bis das Hähnchen vollständig gegart ist.

6 Überprüfen Sie während des Kochens gelegentlich und fügen Sie bei Bedarf mehr Wasser hinzu, um ein Anbrennen zu vermeiden.

7 Garnieren Sie das Gericht vor dem Servieren mit frischem Koriander.

TAJINE KEFTA BIL MATICHA |

HACKFLEISCHBÄLLCHEN-TAJINE MIT TOMATEN

4 Port. 1 Std. Mittel

Zutaten

500 g Rinderhackfleisch
4 große Tomaten, püriert
1 Zwiebel, fein gewürfelt
2 Knoblauchzehen, fein gehackt
4 Eier
2 EL frischer Koriander, gehackt
1 TL Paprikapulver
½ TL Kreuzkümmel
½ TL Salz
¼ TL Pfeffer
2 EL Olivenöl
Wasser nach Bedarf

Nährwerte p. P.

450 kcal
15 g Kohlenhydrate
25 g Fett
35 g Eiweiß

1 Vermengen Sie das Hackfleisch in einer Schüssel mit der Hälfte des gehackten Korianders, Paprikapulver, Kreuzkümmel, Salz und Pfeffer.

2 Formen Sie kleine Hackfleischbällchen aus der Mischung.

3 Erhitzen Sie das Olivenöl in einer Tajine oder einem tiefen Topf. Fügen Sie die gewürfelte Zwiebel und den Knoblauch hinzu und dünsten Sie sie, bis sie weich sind.

4 Geben Sie das Tomatenpüree hinzu und lassen Sie die Soße einige Minuten köcheln.

5 Legen Sie die Hackfleischbällchen vorsichtig in die Soße. Fügen Sie bei Bedarf ein wenig Wasser hinzu, sodass die Bällchen gut bedeckt sind. Decken Sie die Tajine ab und lassen Sie alles bei niedriger Hitze für ca. 30 Minuten köcheln.

6 Schlagen Sie die Eier vorsichtig auf und geben Sie sie über die Hackfleischbällchen in die Tajine. Decken Sie die Tajine wieder ab und lassen Sie alles weitere 10 Minuten köcheln, bis die Eier gestockt sind.

7 Bestreuen Sie das Gericht vor dem Servieren mit dem restlichen Koriander.

TAJINE BIL HOOT |

FISCH-TAJINE

4 Port.

1 Std., 30 Min.

Mittel

Zutaten

4 Fischfilets (z. B. Kabeljau oder Seelachs), etwa 150 g pro Stück
2 große Kartoffeln, geschält und in etwa 0,5 cm dicke Scheiben geschnitten
2 Karotten, geschält und in etwa 0,5 cm dicke Scheiben geschnitten
1 rote Paprika, entkernt und in Streifen geschnitten
2 Tomaten, in etwa 0,5 cm dicke Scheiben geschnitten
1 große Zwiebel, fein gehackt
2 Knoblauchzehen, fein gehackt
2 EL frischer Koriander, gehackt
1 TL Kreuzkümmel, gemahlen
½ TL Paprikapulver
Saft von ½ Zitrone
3 EL Olivenöl
Salz und Pfeffer nach Geschmack
250 ml Wasser oder Fischbrühe

1 Reinigen Sie die Fischfilets sorgfältig unter fließendem Wasser und tupfen Sie sie anschließend trocken. Legen Sie die Filets in eine flache Schüssel und beträufeln Sie sie gleichmäßig mit dem Zitronensaft. Würzen Sie die Filets beidseitig mit Salz und Pfeffer. Lassen Sie die Fischfilets in der Marinade ruhen, während Sie die anderen Zutaten vorbereiten.

2 Erhitzen Sie das Olivenöl in Ihrer Tajine oder einem schweren, tiefen Topf bei mittlerer Hitze. Sobald das Öl warm ist, fügen Sie die gehackte Zwiebel und den Knoblauch hinzu. Sautieren Sie die Zutaten für einige Minuten, bis die Zwiebeln durchsichtig und weich geworden sind, jedoch ohne Farbe anzunehmen.

3 Schichten Sie nun vorsichtig die Kartoffeln als erste Schicht direkt auf die Zwiebel-Knoblauch-Mischung. Darauf folgen die Karottenscheiben, dann die Paprikastreifen und schließlich die Tomatenscheiben. Jede Schicht leicht mit Salz, Pfeffer sowie jeweils 1 Prise Kreuzkümmel und Paprikapulver würzen. Diese Schichtung hilft, die Aromen während des Kochprozesses einzuschließen.

4 Platzieren Sie die marinierten Fischfilets oben auf dem Gemüsebett. Verteilen Sie den gehackten Koriander über dem Fisch und gießen Sie vorsichtig das Wasser oder die Fischbrühe entlang der Seiten der Tajine oder des Topfes hinein. Es ist wichtig, die Flüssigkeit nicht direkt über den Fisch zu gießen, um die Marinade nicht abzuwaschen.

Nährwerte p. P.

300 kcal
20 g Kohlenhydrate
10 g Fett
35 g Eiweiß

5 Decken Sie die Tajine oder den Topf mit einem Deckel ab und reduzieren Sie die Hitze auf ein Minimum. Lassen Sie das Gericht für etwa 45 bis 60 Minuten leise köcheln. Die genaue Kochzeit kann je nach Dicke der Fischfilets und der Intensität Ihrer Hitzequelle variieren. Überprüfen Sie das Gericht gelegentlich, um sicherzustellen, dass genügend Flüssigkeit vorhanden ist und fügen Sie bei Bedarf mehr hinzu.

6 Die Tajine ist fertig, wenn der Fisch durchgegart und das Gemüse zart ist. Abschließend können Sie die Kochflüssigkeit abschmecken und bei Bedarf die Würzung anpassen.

TAJINE BIL KHODAR |

GEMÜSE-TAJINE

4 Port.

1 Std.

Mittel

Zutaten

1 große Zucchini, in Scheiben geschnitten
2 Karotten, geschält und in Scheiben geschnitten
1 rote Paprika, in Streifen geschnitten
1 gelbe Paprika, in Streifen geschnitten
3 große Tomaten, gewürfelt
1 große Zwiebel, fein gewürfelt
2 Knoblauchzehen, fein gehackt
100 g getrocknete Aprikosen, gehackt
100 g Rosinen
2 EL Olivenöl
1 TL Paprikapulver
½ TL Kreuzkümmel
¼ TL Zimt
Salz und Pfeffer nach Geschmack
500 ml Gemüsebrühe
Frischer Koriander zum Garnieren

Nährwerte p. P.

320 kcal
45 g Kohlenhydrate
10 g Fett
9 g Eiweiß

1 Erhitzen Sie das Olivenöl in einer großen Tajine oder einem Schmortopf über mittlerer Hitze. Fügen Sie die Zwiebel und den Knoblauch hinzu und dünsten Sie diese, bis sie weich sind.

2 Geben Sie die Karotten und Zucchini hinzu. Kochen Sie diese für einige Minuten, bis sie beginnen, weich zu werden.

3 Fügen Sie die Paprikastreifen, Tomatenwürfel, getrocknete Aprikosen und Rosinen hinzu. Rühren Sie das Paprikapulver, Kreuzkümmel, Zimt, Salz und Pfeffer unter.

4 Gießen Sie die Gemüsebrühe über das Gemüse, sodass es knapp bedeckt ist. Bringen Sie die Mischung zum Kochen, reduzieren Sie dann die Hitze und decken Sie die Tajine ab.

5 Lassen Sie das Gericht für etwa 40 Minuten köcheln, bis das Gemüse weich ist und die Aromen sich verbunden haben.

6 Überprüfen Sie während des Kochens gelegentlich die Flüssigkeitsmenge und fügen Sie bei Bedarf mehr Brühe hinzu, um ein Anbrennen zu verhindern.

7 Vor dem Servieren das Gericht abschmecken und bei Bedarf nachwürzen. Mit frischem Koriander garnieren.

TAJINE BIL BARQUQ |

HÄHNCHEN-TAJINE MIT APRIKOSEN

4 Port. | 1 Std., 30 Min. | Mittel

Zutaten

4 Hähnchenoberschenkel
1 große Zwiebel, fein gehackt
2 Knoblauchzehen, fein gehackt
200 g getrocknete Aprikosen
1 TL Zimt
1 TL Ingwer, gemahlen
½ TL Kurkuma
½ TL Kreuzkümmel, gemahlen
500 ml Hühnerbrühe
2 EL Honig
2 EL Olivenöl
Salz und Pfeffer nach Geschmack
1 Handvoll geröstete Mandeln zur Dekoration
Frischer Koriander zum Garnieren

Nährwerte p. P.

450 kcal
35 g Kohlenhydrate
20 g Fett
30 g Eiweiß

1 Erhitzen Sie das Olivenöl in einer großen Tajine oder einem schweren Topf bei mittlerer Hitze. Bräunen Sie die Hähnchenoberschenkel von allen Seiten an und nehmen Sie sie dann aus der Tajine.

2 Fügen Sie in derselben Tajine die Zwiebel und den Knoblauch hinzu. Dünsten Sie sie, bis sie weich und goldbraun sind.

3 Geben Sie Zimt, Ingwer, Kurkuma und Kreuzkümmel hinzu und rühren Sie um, damit die Gewürze die Zwiebeln und den Knoblauch überziehen.

4 Legen Sie die Hähnchenoberschenkel zurück in die Tajine. Fügen Sie die getrockneten Aprikosen hinzu und übergießen Sie alles mit der Hühnerbrühe. Geben Sie den Honig darüber und würzen Sie mit Salz und Pfeffer.

5 Decken Sie die Tajine ab und lassen Sie das Gericht bei niedriger Hitze für etwa 1 Stunde köcheln, bis das Hähnchen zart und die Soße eingedickt ist.

6 Überprüfen Sie während des Kochens gelegentlich und fügen Sie bei Bedarf etwas Wasser oder Brühe hinzu.

7 Vor dem Servieren die Tajine mit gerösteten Mandeln und frischem Koriander garnieren.